Pascal Voggenhuber

Nachricht aus dem Jenseits 2.0

Pascal Voggenhuber

Nachricht aus dem Jenseits 2.0

Die neuesten Erkenntnisse
meiner Arbeit als Medium

Giger Verlag

7. Auflage: 2025

Telefon 0041 55 442 68 48
www.gigerverlag.ch

Lektorat: Monika Rohde
Umschlaggestaltung:
Hauptmann & Kompanie Werbeagentur, Zürich
Layout und Satz: Roland Poferl Print-Design, Köln
Printed in EU

ISBN 978-3-906872-83-4

Inhalt

Vorwort der Verlegerin 9

Vorwort des Autors 11

Wer bin ich? 15

Spiritualität, Medialität und Sensitivität 33
Spiritualität 33
Medialität versus Sensitivität 36
Die Aufgabe eines Mediums 38

Existiert eine Hölle oder eine Zwischenwelt? 40

Warum geht es allen Verstorbenen gut? 48
Schmerzen 49
Demenz oder Alzheimer 51
Geistige Behinderung 51
Psychische Probleme 55

Lebensrückschau 58
Suizid 65

Die Verstorbenen vermissen uns nicht 68

Niemand stirbt allein 71

Wann löst sich die Seele vom Körper 75
Beerdigung 75
Koma 79
Organspende 81

Wie kommuniziere ich mit Verstorbenen? 84

Lasst die Toten ruhen! 93

Wie sieht die geistige Welt aus? 104

Geistführer und Schutzengel 110
Name meines Geistführers 120

Zeichen von Verstorbenen 124

Tiere in der geistigen Welt 133

Kinder in der geistigen Welt 138
Früher Kindstod 146
Männer trauern anders 151

Wie erkenne ich ein gutes Medium? 155

Spuk und Geister 160

Dämonen und Luzifer 172
Dämonen 172
Luzifer 174

Träume 179

Wiedergeburt und Reinkarnation 182

Kinder mit außersinnlichen Wahrnehmungen 190
Unsichtbare Freunde 201

Energetische Reinigung 209

Bezug zum Verstorbenen 213

Beweise dich! – Öffentlichkeitsarbeit 218

Über den Autor 235

Vorwort der Verlegerin

Es war eigentlich nicht geplant, dass Pascal Voggenhuber diesen Herbst ein neues Buch schreibt. Aber wie so oft kommt es anders, als man denkt.

Seinen ersten Nr.-1-Bestseller *Nachricht aus dem Jenseits* wollten wir als Verlag aufgrund seiner Serie bei RTL neu auflegen und mit einigen neuen Kapiteln ergänzen, da die Nachfrage immer wieder so groß war.

Mitten im Schreibprozess meldete sich Pascal, es wäre einfacher, ein neues Buch zu schreiben, da er sich mittlerweile so viele neue Erkenntnisse zu diesem Thema angeeignet hat, dass er die mit seinen zahlreichen Lesern teilen möchte.

Ich durfte Pascal vor zwölf Jahren entdecken und mit vielen Bestsellerbüchern hat er sich bis heute europaweit einen sehr großen Namen gemacht. Er hat sich stets weiterentwickelt und wurde zum Publikumsmagneten bei öffentlichen Vorträgen und Seminaren, die vor allem auch durch seinen Humor und seine Leichtigkeit im Umgang mit seinem Thema so erfolgreich sind.

Wir freuen uns, Ihnen hier sein neuestes Werk zu präsentieren. Viele neue Erkenntnisse und sehr berührende Erlebnisse aus der Praxis machen dieses Buch zu einem wertvollen Ratgeber fürs tägliche Leben und im Umgang mit dem Tod, der immer noch ein Tabuthema in unserer Gesellschaft ist. Dank der Begegnung mit Pascal durfte ich lernen, mich dem Thema Tod nicht mehr zu verschließen und es ins Leben zu integrieren.

Lassen auch Sie sich inspirieren und überzeugen, dass die geistige Welt mitten unter uns ist und wir unsere lieben Verstorbenen immer bei uns haben.

Herzlichen Dank an Pascal für deine wertvolle Arbeit!

September 2018

Sabine Giger
Verlegerin

Vorwort des Autors

Es ist 2018 und eigentlich wollte ich in diesem Jahr kein Buch schreiben. Doch wie so oft, manchmal kommt alles anders. Ursprünglich war die Idee, mein Buch *Nachricht aus dem Jenseits*, das 2008, also vor zehn Jahren erschienen ist, neu zu überarbeiten und dann als Sonderausgabe auf den Markt zu bringen. Als ich mit der Überarbeitung begann, merkte ich sehr schnell, dass ich sehr viel Neues erfahren, neue Erkenntnisse gesammelt habe, dass es fast sinnvoller wäre, ein komplett neues Buch daraus zu machen. Nach Rücksprache mit meinem Verlag liegt hier nun das neue Buch. Es knüpft an das damals erschienene an, ich wiederhole auch die wichtigsten Dinge, sodass ein neuer Leser alles versteht. Dennoch ist es eine Weiterführung und man könnte eigentlich sagen, der zweite Teil vom ersten Buch.

Beim biografischen Teil habe ich – nach Rücksprache mit meiner Familie und vielen Freunden von früher – gemerkt, dass ich viele Zeitangaben falsch im Kopf hatte. Diese korrigiere ich nun. Das hat zwar keinen Einfluss darauf, was und wie ich es erlebt habe. Aber es war mir wichtig, dir dieses mitzuteilen, vor allem meine regelmäßigen Leser werden es bemerken.

Am Anfang steht kurz und bündig meine Biographie, sodass der neue Leser weiß, woher ich komme. Allerdings erzähle ich in diesem Buch erstmals auch Themen, die ich bisher bewusst in meinen Büchern nicht aufgeführt habe. Einfach weil ich sie damals nicht wichtig fand oder es noch zu früh war, sie mitzuteilen. Vieles, was ich bisher schrieb, sehe ich heute natürlich aus einem völlig anderen Blickwinkel. Ich möchte mit dir, mein lieber Leser/meine liebe Leserin, heute meine neuen Erfahrungen teilen. Es gab eine Zeit, da wollte ich nicht immer auf das Thema Medium, Tod und Sterben reduziert werden, sondern wollte zeigen, dass ich viel mehr kann und bin als nur der Typ im Kapuzenpulli, der mit Verstorbenen spricht. Trotzdem ist Medium sein einfach meine Berufung und ich liebe diesen Beruf extrem. Auch wenn ich heute als Medium völlig anders arbeite als vor zehn Jahren, darauf werde ich im Laufe des Buches noch eingehen.

Mein größtes Anliegen ist es nach wie vor, den Menschen zu berichten, dass es ein Leben nach dem Tod gibt und dass wir nicht nur dieses eine Leben haben, sondern im Jenseits weiterexistieren. Warum ist mir diese Botschaft so wichtig? Durch meine Arbeit weiß ich, dass dieses Wissen und auch das Beweisen durch die mediale Arbeit vielen Menschen hilft, mit der Trauer und dem Verlust eines geliebten Menschen besser umzugehen. Ich gehe in diesem Buch weniger darauf ein, meine Fähigkeiten darzulegen, es ist eher mein Anspruch, dir vielleicht die Augen zu öffnen für ein Leben nach dem Tod; vor allem wünsche ich mir, dass es dir Heilung bringen kann. Deswegen stehen nicht meine Fähigkeiten im Vordergrund, sondern ich möchte dich begleiten und dir dabei helfen, deine Ängste und Sorgen rund um das Thema Tod und Sterben aufzulösen.

Wie du vielleicht schon bemerkt hast, spreche ich dich in der männlichen Form als Leser an, weil ich so den Lesefluss schöner finde. Ich liebe und akzeptiere Frauen, sie sind immer mit gemeint. Das ist natürlich ein sehr persönliches Empfinden und meine eigene Vorliebe. Wie alles in diesem Buch, und das möchte ich hier noch einmal betonen, ist es meine Sicht, so wie ich die geistige Welt erlebe und was ich von den Verstorbenen gelernt habe. Das ist bestimmt nicht die absolute Wahrheit, es ist nur meine persönliche, und damit die einzige, die ich dir weitergeben kann.

Da ich mich ständig weiterentwickle und Neues lerne, werde ich mich im Gegenzug zu meinen älteren Büchern vielleicht widersprechen. Das liegt an neuen Erfahrungen und dass heute mein Fokus viel mehr auf der »Heilung« des Klienten und des Lesers liegt. Früher wollte ich ihn eher davon überzeugen, dass ich wirklich medial bin und mit Verstorbenen kommunizieren kann.

Heute muss ich mich nicht mehr beweisen, ich möchte Menschen erreichen, die offen für diese Form der Heilung sind. Manche Kritiker kann man nicht überzeugen, denen wird nie ein Beweis genügen. Das habe ich in den letzten Jahren auch gelernt. Deswegen richte ich inzwischen meinen Fokus auf die Heilung und auf Menschen, die offen sind. Allein dass du dieses Buch gekauft hast, zeigt mir, dass du ein mögliches Leben nach dem Tod nicht ausschließt, sondern es zumindest in Betracht ziehst. Dafür bin ich dankbar und freue mich, mit dir auf diese wunderbare Reise zu gehen. Danke für dein Vertrauen. Ich wünsche dir viel Spaß auf der Reise und viel Heilung. Vergiss nie, es gibt auch ein Leben vor dem Tod, und deswegen wünsche ich dir *Enjoy this Life*®!

Dein Pascal

Wer bin ich?

Oft werde ich gefragt: »Wann hast du das erste Mal einen Verstorbenen gesehen?« An meine erste bewusste Begegnung kann ich mich noch sehr gut erinnern, ich war ungefähr drei Jahre alt. Damals wusste ich jedoch nicht, dass dieser Mann, den ich wahrnahm, ein Verstorbener war, es war einfach ein Mann auf unserer Treppe. Ich wurde in der Nacht wach und konnte nicht mehr einschlafen, daher wollte ich hinunter zu meiner Mutter. Als ich die Treppe hinunterlief, sah ich in der Ecke einen Mann stehen, er machte mir weder Angst noch sah er eigenartig aus, es war einfach ein unbekannter Mann. Ich lief zu meiner Mutter ins Schlafzimmer, weckte sie und sagte: »Mama, da ist ein Mann im Treppenhaus.« Meine Mutter schreckte auf und dachte an Einbrecher. Sie lief zum Gang hinaus und sagte: »Pascal, da ist kein Mann im Treppenhaus.« Als ich hinterherkam, stand der Mann immer noch da. Freundlich und liebevoll, so habe ich ihn in Erinnerung und ich sagte: »Doch, Mama, da steht er!« Ich zeigte auf ihn und meine Mutter meinte: »Nein, da ist niemand, geh wieder schlafen. Du hast sicher nur geträumt.« Ich wusste, dass ich nicht träumte, da ich ihn ja immer noch sah. Ich verstand nicht, warum meine Mutter ihn nicht sah. So ging ich wieder ins Bett und die Geschichte war bald vergessen.

Lieber Leser, an dieser Stelle möchte ich dich bitten, erinnere dich an deine Kindheit. Wie oft hattest du das Gefühl, dass jemand in deinem Zimmer ist? Wie oft hast du unter das Bett geschaut oder hinter die Tür, weil du eine Präsenz gespürt hast oder gar etwas gesehen? Aber wenn du es deinen Eltern mitgeteilt hast, werden sie wohl alle gesagt haben: »Da ist nichts, du träumst, oder du bildest dir das nur ein.« Ich stelle diese Frage immer wieder bei meinen Vorträgen und bin überrascht, dass 80 % meiner Besucher genau diese Erfahrungen gemacht haben. Daher war meine Kindheit nicht viel anders als die der meisten. Der einzige Unterschied ist vielleicht, dass ich als Kind sehr hellsichtig war, die meisten Menschen jedoch eher hellfühlend und die Verstorbenen, Geistführer oder Geistwesen eher spüren als sehen. Da viele Eltern den Kindern einreden, dass das nicht wahr ist und da niemand sei, lernen sie natürlich schon sehr früh, nicht auf ihre Wahrnehmung zu vertrauen oder diese sogar zu ignorieren. Das ist wohl einer der Gründe, warum Kinder ihre natürliche außersinnliche Wahrnehmung nicht ins Jugend- oder Erwachsenenalter mitnehmen. Mein Vorteil war sicherlich, dass meine Mutter einfach dachte, ich besäße enorm viel Phantasie. Obendrein kannte sie schon von ihrer Mutter, also meiner Oma, viele »außergewöhnliche« Geschichten, sodass sie ein Leben nach dem Tod durch Erzählungen von Verwandten nicht für ausgeschlossen hielt. Dennoch war meine Mutter davon überzeugt, dass diese Phantasien mit dem Alter verschwänden; und ich glaube, dass sie mich einfach gelassen hat und kein großes Ding daraus machte, war am Ende mein Glück, sodass ich meine außersinnliche Wahrnehmung bis heute behalten konnte.

In meiner Kindheit gab es einige weitere Erlebnisse, die ich hier jetzt nicht im Einzelnen wiedergeben möchte. Ich hatte immer viele »unsichtbare« Freunde, mit denen ich gespielt, Plätze für sie im Zug, am Esstisch oder in der Schule reserviert habe. Das war für mich normal. Für meine Mitschüler weniger. Ich musste lachen, als ich vor ein paar Jahren einen ehemaligen Mitschüler in der Post traf und er sagte: »Ich habe dich im Fernsehen gesehen, wie du mit Verstorbenen sprichst. Da wurde mir klar, warum du als Kind immer den Platz neben dir reserviert hast. Damals dachte ich, du spinnst. Na ja, heute sehe ich es etwas anders, aber vielleicht bist du trotzdem ein Spinner, aber ein erwachsener.« Wir lachten beide, ich fand es sehr spannend, diese Zeit einmal aus einer anderen Perspektive zu sehen.

Für mich waren meine Empfindungen damals so real und normal, dass ich bis in meine Jugendzeit nicht verstehen konnte, warum andere nicht dieselbe Wahrnehmung hatten. Mit etwa 17 Jahren hatte ich mein prägendstes Erlebnis und jenes, das mir die Augen geöffnet hat. Ich hatte damals für eine Freundin ein Picknick vorbereitet und wollte gemütlich mit ihr einen Abend in der Natur verbringen, essen und einfach die Zeit genießen. Aber an dem

Tag hatte meine Freundin Probleme mit ihren Eltern und musste sie mir zuerst erzählen. Ich hörte ihr zwei Stunden zu, aber irgendwann kam der Punkt, an dem ich einfach nicht mehr weiterwusste. Ich kannte da aber einen Freund in der geistigen Welt, der oft sehr gute und praktische Ratschläge hatte. Damals war er für mich einfach ein Freund, er zeigte sich mir im selben Alter, aber sehr weise. Erst viel später erfuhr ich, dass er einer meiner Geistführer ist. Was ein Geistführer ist, werde ich in einem späteren Kapitel genauer erläutern. Jedenfalls saß ich so da und fragte in Gedanken: »Zoey, was soll ich ihr raten?« Ich bekam sofort eine klare Erläuterung der Situation und gab diese dann genau so weiter. »Schau, Sandra, Zoey meint, du musst deinen Vater auch verstehen, er hat als Kind und in der Jugend dies und jenes erlebt, deswegen hat er diese Prägungen und Muster. Auch bei deiner Mutter ist klar, dass sie so reagiert, sie hat in ihrer Vergangenheit auch so einiges erlebt.« Ich sehe noch heute das Gesicht meiner Freundin vor mir und höre ihre Stimme, die leicht bebte: »Wer ist Zoey und woher weißt du das alles? Das habe ich dir nie erzählt!«

»Ich weiß das von Zoey, er hat es mir gerade erzählt.«

»Wir sind doch allein. Was redest du da!«

»Wir sind nie allein, Sandra, Zoey ist mein durchsichtiger Kumpel, so wie du Yves an deiner Seite hast.« Kurzes Schweigen und dann: »Pascal, echt, das ist nicht normal, du machst mir total Angst. Du bist wirklich nicht normal.« Vielleicht sollte ich an dieser Stelle erwähnen, dass wir schon fast zwei Jahre zusammen waren und ich vorher noch nie von meinen Wahrnehmungen erzählt hatte. »Siehst du sonst noch etwas?«

»Ja, ich sehe Farben um dich herum, daran erkenne ich sehr gut deine Gefühlslage und sehe, dass du im Moment in den Oberschenkeln Schmerzen hast, doch die sind nicht schlimm, es ist Muskelkater, wahrscheinlich warst du beim Sport.« Nach dieser Auskunft war die Stimmung komplett am Ende und ich ging verstört nach Hause. Ich verstand nicht, warum meine Freundin so reagiert hatte, schließlich war ich davon überzeugt, dass jeder Zugang zur geistigen Welt hat. Ich sah doch bei ihr auch, wie Yves (Geistführer), ihr Freund, ihr Ratschläge gab. Damals wusste ich noch nicht, dass die meisten das nicht bewusst wahrnehmen, sondern wenn überhaupt, dann auf einer sehr unbewussten Ebene.

Zu Hause angekommen, fragte ich meine Mutter: »Hast du kurz Zeit für mich? Sandra meint, ich spinne.« Meine Mutter lachte: »Da hat sie recht, du spinnst schon manchmal.«

»Mama, ernsthaft, hör mir zu. Sandra findet es eigenartig, dass ich Freunde in der geistigen Welt habe und Dinge sehe und weiß, die ich scheinbar nicht sehen und vor allem nicht wissen sollte.«

»Siehst du sie immer noch? Du hast nie mehr etwas darüber erzählt.«

»Ja, ich sehe es immer noch und ihr doch auch, oder?«

»Nein, so wie du es siehst, ist es nicht mehr normal. Machst du wirklich keinen Scherz?«

»Nein, Mama, du weißt doch, dass ich schon immer Freunde in der geistigen Welt hatte!«

»Ja, aber ich dachte immer, das sind kindliche Phantasien, die mit der Zeit aufhören.«

»Nein, es ist keine Phantasie, es macht mir langsam Angst, vielleicht spinne ich wirklich und es stimmt etwas mit meinem Gehirn nicht.«

»Das glaube ich nicht, schau, Pascal, deine Oma hat Ähnliches erzählt und scheinbar Verstorbene gesehen, auch ein Onkel von dir. Ich kenne diese Geschichten, aber bei dir ist es anders, falls du wirklich die Wahrheit erzählst.«

»Ja, ich erzähle die Wahrheit.« Meine Mutter bat mich dann, ihr etwas Zeit zu lassen und dass wir später noch einmal darüber reden würden. An diesem Tag veränderte sich für mich alles, ich fühlte mich plötzlich so anders, eigenartig und war überzeugt, dass irgendetwas nicht mit mir stimmt. Ich muss an dieser Stelle sagen, dass meine Mutter sich bereits sehr früh mit »Esoterik« auseinandergesetzt hat, obwohl sie Religionslehrerin war und dadurch natürlich sehr christlich geprägt. Ein paar Stunden später kam meine Mutter und sagte, ich solle mich setzen: »Kannst du dich noch an deinen Unfall mit zehn Jahren erinnern?«

»Ja klar, du meinst, als ich unter den Traktorwagen kam, viele Brüche hatte und auch das Nahtoderlebnis bei meiner Notoperation?«

»Ja genau, weißt du, Pascal, ich denke, da ist zusätzlich noch etwas passiert, was dich verändert hat. Du hattest schon als kleines Kind deine unsichtbaren Freunde, das war so. Aber nach der Operation hast du mir, als du aufgewacht bist, erzählt, dass du die gesamte Operation von außen gesehen hast. Du hast mitbekommen, dass es Probleme gab, und hast Engel wahrgenommen, die dich wieder in deinen Körper zurückbrachten. Weißt du das noch?«

»Ja, so halb, aber die Erinnerungen sind sehr verschwommen.«

»Ich denke wirklich, dass du damals die Wahrheit gesagt hast, weil die Ärzte mir hinterher sagten, dass es Probleme gab. Außerdem habe ich nie von Engeln erzählt, auch konnte ich damals mit Engeln und Gott nichts anfangen. Das war nicht meine Welt. Im Krankenhaus, nach der Operation, besuchte dich damals der Pfarrer, und da ich kein Auto hatte, hat er mich vom Krankenhaus nach Hause gefahren. Auf dem Weg fragte er mich, ob ich nicht Religionslehrerin werden möchte. Anfangs dachte ich, er will mich veräppeln, weil ich nicht viel mit Religion anfangen konnte. Doch deinen Bericht, dass du alles gesehen hast, und deine Aussage über die Engel sah ich als Zeichen, daher bin ich Religionslehrerin geworden. Dein Erlebnis gab mir den Glauben, dass es mehr gibt zwischen Himmel und Erde und dass Engel existieren.«

»Das wusste ich nicht, für mich warst du schon immer Religionslehrerin.«

»Nein. Aber kannst du dich noch erinnern, wie du nach dem Unfall monatelang Schmerzen hattest, jeden

Tag sehr starke Schmerzmittel nehmen musstest, manchmal sogar Morphium-Spritzen und wie kein Arzt dir helfen konnte?«

»Ja, daran erinnere ich mich noch sehr gut, das werde ich wohl nie vergessen. Ich weiß noch, wie wir Monate später die Haushälterin des Pfarrers kennengelernt haben, die Heilerin war und mich fragte, ob ich Schmerzen habe und ob sie mir mal die Hände auflegen darf. Danach waren die Schmerzen weg, weißt du noch?«

»Ja, Pascal, so war es. Ehrlich gesagt war ich damals sehr kritisch und dachte, als sie mich fragte, dass man nichts mehr kaputt machen kann, und hoffte einfach, dass es hilft. Dich täglich leiden zu sehen, dass du deinen geliebten Kampfsport nicht mehr machen konntest, weil dein Rücken dir so starke Schmerzen verursachte, das war für mich als Mutter die absolute Hölle. Obschon ich dankbar war, dass du noch lebtest. Doch nach der Behandlung war alles in Ordnung, auch deine Beine, die nach dem Unfall unterschiedlich lang waren, wuchsen sich raus. Du musstest in der Zeit immer Spezialschuhe tragen, um diese Differenz auszugleichen. Eine Schuhsohle war 1,5 Zentimeter dicker als die andere. Für mich war die Heilbehandlung der Haushälterin ein Wunder und es weckte mein Interesse. Du durftest jeden Mittwochnachmittag zu dieser Frau gehen, sie hat dir Pendeln gezeigt und wie man Hände auflegt. Du durftest viele spirituelle Bücher von ihr ausleihen. Weißt du das nicht mehr?«

»Doch natürlich, für mich war das einfach spielen. Erst jetzt, wo du es mir erzählst, wird mir vieles wieder bewusst und klarer. Ich war fast zwei Jahre dort, doch dann verlor ich das Interesse und widmete mich wieder voll und ganz dem Kampfsport.«

»Diese Erfahrungen weckten mein Interesse für Meditation, ich begann zu meditieren, fuhr dann ab und an zu Zen-Meditationswochenenden und habe dich und deine Schwester dahin mitgenommen. Deine Schwester blieb auf dem Zimmer und zeigte kein Interesse. Aber du wolltest immer mit den alten Frauen, so deine Aussage, die Meditation machen. Damals warst du ungefähr zwölf Jahre alt, ich weiß es nicht mehr so genau. Ich denke, all das hat dazu beigetragen, dass du deine Wahrnehmungen immer noch hast. Auch beim Kampfsport war für dich die Meditation immer sehr wichtig. Ich überlege gerade, in Basel finden die Esoterik-Tage statt, lass uns dieses Wochenende hinfahren. Dort sind viele Menschen, die genauso sind wie du, die auch Dinge wahrnehmen, die für die meisten nicht normal sind. Lass uns hinfahren.«

»Klar, ich bin dabei.« Ich war damals der Überzeugung, als meine Mutter sagte, dort sind alle so wie ich, dass sie damit meinte, alle sind jung, cool und stehen genauso auf Hip-Hop wie ich. Als wir dann dort ankamen, war ich geschockt, es war wie eine andere Welt und – ich gebe es zu – ich wollte auf keinen Fall so sein wie die. Das Ganze ist bereits 21 Jahre her und damals war die Esoterik-Szene wirklich noch eine Szene für sich. Inzwischen hat sich viel geändert, heute sind bei meinen Events junge Leute und ältere. Der größte Unterschied jedoch ist die Kleidung, die sich meistens nicht mehr von »normalen« nicht spirituell interessierten Menschen unterscheidet. Damals war das anders, die Jüngsten waren so um die 45 Jahre, viele hatten farbige Wollpullover in Regenbogenfarben, Jesus-Sandalen und Alufolie auf dem Kopf für einen besseren Zugang ins Jenseits, zu Außerirdischen oder Engeln. Ich war wirklich entsetzt. Als wir ins Zelt traten, wurden meine Mutter und ich zuerst mit weißem Salbei ausgeräuchert, damit keine negative Energie auf die Messe kommt. Es war einfach nur komisch, eigenartig! Trotzdem war es ein wichtiger Schritt für mich, ich wusste danach, was ich nicht wollte und wie ich nie sein möchte! Dennoch fand ich dort Menschen, die mir meine Hellsichtigkeit bestätigten und es sahen. Das hat mir wenigstens die Kraft gegeben und mir geholfen, mich nicht mehr als »krank« anzusehen.

Nach diesem Wochenende kaufte ich Unmengen spiritueller Literatur und begann mich intensiv mit dem Thema auseinanderzusetzen. Anfangs war ich ängstlich darauf bedacht, mich nicht in der komischen Szene zu verlieren, obwohl ich dort Menschen fand, die mich verstanden. Meine Wahrnehmung wurde jedoch total unnatürlich und ich fragte mich immer, ob ich dies oder jenes jetzt sehen darf als Normaler oder nicht. Im Grunde wollte ich diese Fähigkeit einfach weghaben. Damals war ich TV-Moderator bei Tele Basel, stark in der Hip-Hop-Szene aktiv und stellte fest, dass ich mit meiner Wahrnehmung dort ein Außenseiter war. Ein paar Monate später traf ich Rahel wieder, wir waren während der Schulzeit eng befreundet, sie war die Partnerin meines besten Freundes. Wir trafen uns zufällig und kamen irgendwie auf das Thema Spiritualität. Sie interessierte sich sehr dafür, war gerade bei einem Medium gewesen und total begeistert, deshalb öffnete ich mich. Wir verbrachten ab da jede freie Minute miteinander und übten uns in Tarotkarten lesen, probierten, Verstorbene wahrzunehmen und suchten auch Spukorte auf. Darauf gehe ich später noch ein.

Es war eine intensive Zeit für mich und wohl die wichtigste für meine mediale Entwicklung. Ich denke, ohne Rahel und ohne das Üben mit ihr wäre ich heute nicht da, wo ich jetzt stehe. Wenn ich mit ihr zusammen war, war meine verstärkte Wahrnehmung einfach normal. Ich fühlte mich von ihr angenommen und als Teil der Gesellschaft, was ich sonst in meinem Freundeskreis nicht mehr erlebte. Wir stellten fest, dass wir aus den Karten unserem Umfeld ziemlich gut Tipps geben konnten, und ich fing dann an, immer öfter Karten für andere zu legen. Auch wenn ich in Wirklichkeit keine Ahnung von Tarot hatte – und das ist bis heute so geblieben –, konnte ich aus dem Energiefeld/der Aura viele Informationen herauslesen. Natürlich tat ich so, als würden mir die Karten die Dinge verraten.

Zusammen gingen wir auf eine Esoterik-Messe und es war immer noch fremd für mich. Aber dort sah ich einen

Mann, der sehr »normal« wirkte und mir vom englischen Spiritismus erzählte. Er hatte die Ausbildung in England am renommierten Arthur Findlay College gemacht. Dass ich nur kurze Zeit später auch meine Ausbildung dort beginne, hätte ich nie gedacht. Doch dieser Mann faszinierte mich, vor allem weil er so normal wirkte – Jeans, Turnschuhe und normaler Pullover. Zu Hause suchte ich mir Informationen heraus und schaute, wo und wie diese Schulung abläuft. Ich konnte sie mir jedoch nicht leisten und auch war es zu weit weg. So suchte ich weiter und fand in der Schweiz eine Schule, die genauso ausbildet. Alle Lehrer dort hatten über mehrere Jahre studiert. So kam ich zu meinem ersten Lehrer Andy Schwab. Er war normal, lustig und einfach ein Typ, der meistens mit beiden Beinen auf dem Boden steht. Auch heute noch pflege ich einen guten Kontakt zu ihm, wir geben sogar einige intensive Wochen zusammen. Ich fühlte mich dort sehr wohl und die meisten Schüler wirkten normal. Meine Motivation war anfangs nicht, Medium zu werden, sondern meine Wahrnehmung auszuschalten, damit ich vollkommen normal wäre. Ich hatte mich gerade für die Schauspielschule angemeldet, weil ich mit 18 Jahren zu alt wurde, um weiter das Jugendmagazin bei Tele Basel zu moderieren.

Mein Hauptfokus lag dann auf der Schauspielschule, doch immer mal wieder, wenn es meine Zeit und das Geld zuließen, besuchte ich Seminare bei Andy oder bei anderen Lehrern. Während der Schauspielschule konnte ich bereits am Theater spielen und auch einige Filme und Werbung drehen. So verdiente ich mir immer wieder Geld, damit ich weitere Kurse besuchen konnte. Als die Schauspielschule dem Ende zuging, eröffnete ich nebenher einen Esoterikladen, damit ich ein zweites Standbein hatte. Mein Fokus verschob sich immer mehr auf die mediale Schule in der Schweiz.

So begann meine Ausbildung zum Medium. Im dritten Ausbildungsjahr starb dann mein Vater. Inzwischen war mein Esoterikladen eingegangen und ich verkaufte die Esoterikprodukte nur noch online. Nebenher arbeitete ich als Schauspieler oder oft in der Fabrik für Zügelunternehmen, um mich über Wasser zu halten und meine Ausbildung zu finanzieren. Zu der Zeit schrieb ich mein erstes Buch *Leben in zwei Welten*, das in der ursprünglichen Fassung ein Roman war und im Eigenverlag erschien. Doch das wird erst viel später wichtig.

Ein paar Wochen nachdem mein Vater starb, durfte ich einen Kontakt zu ihm bei einer intensiven Schulungswoche erleben. Diese Sitzung, die spontan im Unterricht stattfand, war für mich eine sehr tiefe heilende Erfahrung, sodass mir klar wurde: Ich möchte unbedingt Medium werden und den Menschen so helfen, wie mir dieser Jenseitskontakt geholfen hat! Nach der Woche kam ich heim, rief mein Schauspielmanagement an und teilte ihnen mit, dass ich nicht mehr als Schauspieler arbeiten werde. Meine Mutter und alle anderen waren geschockt, da ich ein paar Wochen vorher noch das Angebot bekam, bei GZSZ vorzusprechen. Aber für mich war in dem Moment klar, ich wollte kein Soap-Darsteller werden, ich wusste instinktiv, ich werde Medium. Ich investierte nun viel Zeit in meine Ausbildung, die ich mit Nebenjobs finanzierte. Nach einigen Jahren Ausbildung in der Schweiz begann ich, parallel in England am Arthur Findlay College zu studieren, damit schloss sich der Kreis und ich war dort, als mich die Medialität wirklich zu interessieren begann.

Damals war das Arthur Findlay College eine Eliteschule und man wurde zum Teil sehr streng unterrichtet, nicht zu vergleichen mit dem heutigen Unterricht. Es war oft lang, hart und auch der Umgang war nicht so liebevoll wie in der spirituellen Szene sonst. Aber für mich war es genau das Richtige. Ich begriff, wenn du ein Ziel hast, dann verfolge es hartnäckig und du wirst es weit bringen. Ich probierte, so oft wie möglich in England zu sein, und nebenher besuchte ich noch den Unterricht bei Andy in der Schweiz. Mein gesamtes Leben drehte sich nur ums Arbeiten und Weiterbilden. Nebenher betrieb ich noch meinen Onlineshop. Dort verkaufte ich auch mein Buch. Na ja, wirklich verkaufen konnte man es nicht nennen, ich bot es jedenfalls dort an.

Im Jahr 2006, ich war 26 Jahre alt, bestellte zufällig Sabine Giger mein Buch, sie ist die Verlegerin des Giger Verlags. Eigentlich war sie nur auf der Suche nach einem Onlineshop, der esoterische Bücher anbot. Das gab es damals kaum, im Gegensatz zu heute. Als die Bestellung hereinkam, freute ich mich, dass ein Verlag mein Buch bestellte. Später beim Abwasch mit meiner Mutter erzählte ich ihr: »Ein Verlag hat mein Buch gekauft, ich werde einer der bekanntesten Autoren im deutschsprachigen Raum! Mama, glaube mir, ich werde das bekannteste Medium!«

Meine Mutter schaute mich nur an und meinte: »Sohn, alles ist möglich, aber bevor es so weit ist, wasche weiter ab und erledige deine Arbeit.« Natürlich war es nur als Witz gedacht, aber heute, wenn ich zurückschaue, zwölf Jahre später, muss ich sagen, ich hatte wohl recht.

Zwei Tage später rief mich Frau Giger an und meinte: »*Leben in zwei Welten* ist zwar ein Roman, aber das ist doch deine Lebensgeschichte, oder?« Ich war erstaunt, dass sie das merkte, und meinte: »Zum Großteil ja, natürlich mit den Ausschmückungen eines Romans.«

»Warum bringst du das Buch nicht als Biografie heraus und erzählst allen deine wirkliche Geschichte? Ich würde es publizieren.« Ich war aufgeregt, überlegte nicht lange, schrieb das Buch um und sagte zu. Es kam im April 2007 auf den Markt – und wurde am Anfang ein Flop! Das weiß bis heute fast niemand. Keine Buchhandlung interessierte sich dafür und niemand wollte den Jungen sehen, der mit Toten in Kontakt treten kann.

Im September 2007 hatte der Giger Verlag eine Veranstaltung mit anderen Referenten und ich durfte die Pause füllen mit einem Zehn-Minuten-Beitrag über mein Buch. Später hat mir Sabine dann erklärt: »Ich dachte, es fällt dir schwer, in der Öffentlichkeit zu sprechen, weil du so unsicher wirkst und so jung. Deswegen haben wir dich einfach dazwischengeschoben.« Ich konnte sie verstehen, damals war ich im Leben wirklich sehr unsicher, auf der Bühne jedoch war ich schon immer eine Rampensau und das zeigte ich in den zehn Minuten. Ich erzählte auch nicht groß über mein Buch, sondern demonstrierte einer Frau im Publikum einen Jenseitskontakt zu ihrer verstorbenen Mutter. Die Leute waren begeistert, weil sie so etwas noch nie gesehen hatten. Ich signierte dort meine ersten Bücher. Aufgrund einer Weiterbildung in England musste ich am nächsten Tag zum Flughafen und stellte mein Handy aus.

Ein paar Wochen später, als ich mein Handy wieder einschaltete, sah ich mehrere Anrufversuche in Abwesenheit, auch einige vom Verlag. Ich entschloss mich, zurückzurufen: »Hey, ihr habt mich gesucht.«

»Wo bist du?«

»In England, in der Schule. Aber ich komme jetzt zurück, habe kein Geld mehr.«

»Darüber brauchst du dir keine Gedanken mehr zu machen, dein Buch wurde ein Bestseller. Mich rufen ständig Leute an und wollen dich für Privatsitzungen buchen und für Events, auch die Presse hat großes Interesse. Ich habe einfach mal gebucht für dich, hoffe, das ist okay?«

»Klar, absolut, ich bin morgen in der Schweiz, dann rufe ich dich an.« Wenn ich ehrlich bin, dachte ich damals: »Bitte keinen Stress wegen der vier bis sieben Leute, die eine Privatsitzung wollen.« Ich wusste nicht, dass mein Buch das erste wirkliche Esoterikbuch war, das es in die Bestsellerliste der Schweiz schaffte, und vor allem nicht, dass ich bis Ende 2008 ausgebucht war mit Einzelberatungen. Ich kam in die Schweiz zurück und war auf einmal ein gefragtes Medium. Ich konnte plötzlich Events geben, wurde eingeladen für Vorträge, Fernsehen, Radio und Zeitung und bald kannte mich in der Schweiz jeder in der spirituellen Szene.

Nebenher schrieb ich mein zweites Buch: *Nachricht aus dem Jenseits*, auch dieses Buch wurde ein Bestseller, obschon mir alle prophezeit hatten, ich würde nie wieder einen schreiben. Das wäre einfach nur Glück gewesen. Na ja, nach elf Jahren, elf Büchern und elf Bestsellern muss ich mir das wenigstens nicht mehr anhören. Doch damals glaubte es keiner. Eigentlich war es mir egal, ich wollte einfach jedem zeigen, dass es ein Leben nach dem Tod gibt, und von einem Tag auf den anderen hatte sich für mich alles geändert. Rückblickend darf ich die Zeit der Ausbildung und all der Arbeit an mir selbst nicht vergessen. Selbst in den ersten Jahren, schon als bekanntes Medium fuhr ich immer noch nach England und besuchte Weiterbildungen.

So viel als kurze Zusammenfassung, wie mein Anfang war, damit du mich besser verstehen kannst. In der Presse wurde es oft so hingestellt, als wäre ich über Nacht erfolgreich geworden. Das stimmt, aber all die Arbeit Jahre zuvor, all die Zweifel und die Zeit, die ich in mich und meine Ausbildung gesteckt habe, werden oft vergessen. Auch wenn ich heute mit 38 Jahren in der Szene meine Anerkennung gefunden habe, war es früher anders. Damals habe ich sehr oft an mir und meiner Wahrnehmung gezweifelt. Nur durch die intensive Zeit der Ausbildung wuchs das Vertrauen in mich und meine Wahrnehmung. Ich wünsche dir, mein lieber Leser, falls du Dinge wahrnimmst, die andere nicht wahrnehmen, und deshalb an dir zweifelst, höre auf damit, die geistige Welt ist real. Deine Wahrnehmung ist real, es lohnt sich, Zeit in deine Entwicklung zu stecken, damit du dich selbst findest und deinen Weg gehen kannst.

Spiritualität, Medialität und Sensitivität

Spiritualität

Medialität und Spiritualität sind zwei komplett verschiedene Dinge. Mir fällt auf, dass es oft nicht unterschieden wird. Ein Medium zu sein, muss nicht immer heißen, dass man spirituell ist. Aber leider glauben das viele, ja sogar selbst etliche Medien. Ob du aber dein mediales Talent für »Gutes« oder »Schlechtes« benutzt, ist immer von der Person mit dem Talent abhängig. Schon im Zweiten Weltkrieg haben Hellseher zum Beispiel Adolf Hitler im Krieg unterstützt. Da würde heute wohl keiner mehr behaupten, dass das eine von Liebe geprägte Aufgabe war. Was ich damit sagen möchte, ist, selbst wenn man noch so medial ist, heißt das noch lange nicht, dass man spirituell (beziehungsweise ein guter Mensch) ist, natürlich auch umgekehrt. Ich durfte viele spirituelle Menschen kennenlernen, die nicht medial veranlagt waren, und viele, die nicht einmal wussten, dass sie spirituell sehr weit fortgeschritten waren. Außerdem traf ich Menschen, die glaubten, sehr spirituell zu sein, und in Wirklichkeit nur dem spirituellen Hochmut verfallen waren. Ich glaube, ein wahrer spiritueller Mensch würde nie von sich behaupten, er sei spirituell.

Am Anfang meiner Ausbildung haben uns die Lehrer an der medialen Schule immer wieder gesagt, wie wichtig es sei, eine spirituelle Einstellung zu haben. Wie wichtig es sei, an seiner Persönlichkeit zu arbeiten. Ich habe das damals unterschätzt. Mir war wichtiger, meine medialen Fähigkeiten bis ins kleinste Detail zu entwickeln. Ein gutes Medium musste meiner Meinung nach vor allem präzise Informationen geben und viele Details und Fakten liefern können. Das ist auch heute noch meine Einstellung, aber ich habe inzwischen etwas viel Wichtigeres gelernt: Wenn ein Verstorbener durch mich spricht, dann ist es nicht nur wichtig, viele Fakten und Details aus seinem Leben an den Klienten weiterzugeben, sondern vor allem auch die Liebe und die Heilung, die er für seine Hinterbliebenen mitbringt.

Die Frage ist natürlich, was heißt »spirituell sein« überhaupt? Heute ist der Ausdruck »spirituell« sehr gebräuchlich und wird, meiner Meinung nach, auch missbraucht oder missverstanden. Früher nannten sich alle, die etwas auf sich hielten, Esoteriker. Irgendwann war das Wort nicht mehr aussagekräftig genug, es musste etwas Neues her und so kam das Wort »spirituell« auf. Ich glaube, dass man Spiritualität nicht mit dem Verstand verstehen kann, sondern nur mit dem Herzen, und bin der Überzeugung, dass man nicht auf einem spirituellen Weg sein kann. Spiritualität ist etwas Persönliches und kann nur von jedem selbst entdeckt werden.

Für mich ist Spiritualität in allem, was IST, Gott zu sehen oder zu erkennen. Spiritualität heißt, sich Gott oder

der göttlichen Energie hinzugeben und seinen eigenen göttlichen Kern zu finden oder besser gesagt anzuerkennen. Darin sieht man schon, dass Spiritualität und Medialität – was vereinfacht heißt, mit der geistigen Welt zu kommunizieren – zwei völlig unterschiedliche Dinge sind. Dennoch ist Spiritualität kein Weg zu Gott, denn zu Gott führen keine Wege, Gott IST. Es führen nur unzählige Wege von Gott weg. Wenn man Gott in allem und auch in sich selbst das Göttliche erkennt, ebenso natürlich in jedem Menschen, dann ist man spirituell. Wer Gott erreichen möchte, muss still werden, still stehen, aufhören, irgendeinen Weg zu gehen, er muss einfach in sich ruhen. Da Gott überall ist, können wir ihm auch nur hier und jetzt begegnen. Einem spirituellen Menschen geht es nicht darum, spirituell zu sein, sondern bei Gott zu sein.

Meiner Meinung nach gibt es keinen richtigen Weg, der zu Gott führt. Es gibt auch keine spirituellen Praktiken, die Erfolg versprechen und dich Gott finden lassen. Alles und jeder Weg ist der richtige, wenn du dabei Gott erkennen kannst. Hör auf, Gott zu suchen, sondern gehe in dein Herz und begrüße ihn. Habe Mut, das zu sein, was du in Wirklichkeit bist. Höre auf, einen besonderen Lebenswandel zu verfolgen, spezielle Praktiken durchzuführen, lieb zu sein, nur um spirituell zu sein. Man kann echte Spiritualität nicht damit erkaufen. Gott lässt sich nicht finden oder durch vorgeschriebene Abläufe und Verhaltensweisen erkennen. Gott und Spiritualität kann man nicht mit dem Intellekt, dem Kopf verstehen, das bringt dich ihm nicht näher. Du kannst Gott nur erfahren. Hör auf, Spiritualität und Gott verstehen zu wollen, dabei verirrst du dich nur in intellektueller Selbstbefriedigung. Gott lässt sich nur in Liebe erfahren und bei allem, was dir begegnet.

Ich wünsche mir, dass für dich, mein lieber Leser, der Unterschied nach diesem Kapitel klar ist. Natürlich liegen Medialität und Spiritualität nahe beieinander, sie schließen sich nicht aus. Aber sie sind völlig unabhängig voneinander. Medialität gibt es auch ohne Spiritualität, ebenso umgekehrt.

Medialität versus Sensitivität

Wo ich gerade dabei bin, Begriffe zu erklären, möchte ich auch den Unterschied zwischen Medialität und Sensitivität darstellen. Im englischen Spiritismus wird klar zwischen beiden unterschieden. Hier in den deutschsprachigen Ländern Europas sind die Linien fließend, ich jedoch unterscheide auch zwischen beiden, meiner Meinung nach völlig verschiedenen Talenten:

- *Medialität* ist die Kommunikation oder die Fähigkeit, die geistige Welt oder Verstorbene wahrzunehmen. Ein Medium ist ein Vermittler zwischen geistiger Welt und Klienten.

- *Sensitivität* heißt, Informationen und Umstände von lebenden Personen oder Räumen/Orten zu empfangen und weiterzugeben. Das heißt, ein Sensitiver liest die Energie einer lebenden Person, eines Raumes oder Ortes. Er kann ohne Hilfsmittel arbeiten oder aber über die Aura, über Karten, Kristallkugeln, Bilder oder über einen Gegenstand des Klienten Bilder erhalten.

Ein Medium ist immer auch sensitiv, es muss die Energien eines Geistwesens und eines noch lebenden Menschen lesen können. Ein Sensitiver dagegen muss nicht zwingend talentiert sein, die geistige Welt wahrzunehmen. Es ist nur dieses kleine Detail, was diese beiden Talente unterscheidet, aber ein sehr wichtiges.

Ich arbeite als Medium und als Sensitiver (Aura-Reading), und für mich nutze ich dabei zwei völlig verschiedene Energien, die ich lese, um die Informationen zu erhalten. Die mediale Energie empfinde ich als eine sehr leichte und schnelle, während sich die sensitive viel schwerer und langsamer anfühlt. Ich sehe, wenn ich Medien oder sensitive Berater beobachte, ob sie medial oder sensitiv arbeiten. Man arbeitet dann mit einer anderen Energie und mit anderen Energiezentren (Chakren).

Das genauer zu erklären, würde jetzt zu weit führen und ist vielleicht für die meisten Leser nicht so interessant. Aber die Unterschiede zwischen Spiritualität, Medialität und Sensitivität sollte man unbedingt kennen.

Wenn ich später über Spukgeschichten berichte, ist es wichtig, dass du den Unterschied verstanden hast.

Die Aufgabe eines Mediums

Noch einmal kurz zusammengefasst, was ist die Aufgabe eines Mediums? Im Grunde genommen leistet ein Medium (bei Jenseitskontakten) Trauerverarbeitung, es dient als Kanal zwischen Verstorbenem, Geistführer oder Engel. Sehr wichtig ist dabei, dass das Medium der Kanal zwischen dem Verstorbenen und dem Hinterbliebenen ist und so helfen kann, Dinge zu klären und Heilung in die Trauer fließen zu lassen, sodass der Hinterbliebene möglichst mit dem Verlust abschließen kann. Medien sind keine Lebensberater oder können in die Zukunft schauen. Ein Verstorbener ähnelt im Grunde noch sehr dem Bild, wie du ihn damals als Lebender kennengelernt hast. Das bedeutet, niemand würde wohl seine Oma fragen, ob man X oder Y heiraten soll, was man in seinem Beruf besser machen könnte etc. Natürlich kann man fragen, aber wenn die Oma keine Expertin auf dem Gebiet ist, dann würden die Antworten einfach die Meinung der Oma widerspiegeln.

Das darf man bei Jenseitskontakten nie vergessen. Der Verstorbene ist nicht plötzlich erleuchtet oder allwissend, nein, er hat immer noch ein ähnliches Bewusstsein wie als Lebender. Also wenn du berufliche Schwierigkeiten hast und der Verstorbene kein Experte in deinem Beruf war, ist er das auch jetzt nicht, und es ist nicht sinnvoll, deswegen zum Medium zu gehen. Beim Medium sind die Menschen richtig, die unter der Trauer leiden, die offene Fragen zwischen sich und dem Verstorbenen haben oder einfach wissen wollen, ob es dem Verstorbenen gut geht. Für Lebensprobleme wie Beruf, Partnerschaft oder Ähnliches wäre eine sensitive Beratung sinnvoller. Auch die Engel oder Geistführer können da nicht helfen, weil es ihnen eher um die persönliche spirituelle Entwicklung geht. Ihnen ist es relativ egal, was du arbeitest, solange du glücklich dabei bist und es sinnvoll für deine persönliche Entwicklung ist.

Ich hoffe, mir ist es gelungen, ein bisschen Licht ins Dunkel zu bringen.

Existiert eine Hölle oder eine Zwischenwelt?

Nach über elf Jahren meiner Arbeit wird mir diese Frage immer noch gestellt. Gibt es eine Hölle, ist mein Kind dort oder ist es gefangen in der Zwischenwelt oder Astralebene?

Mich haben solche Fragen immer geschockt und ganz ehrlich, kurz und bündig, ich sah noch nie einen Verstorbenen, der in der Hölle ist, war oder geschweige denn in einer Zwischenwelt oder in irgendeiner Astralebene gefangen, oder was sich gewisse Kollegen noch so alles einfallen lassen. Aber genau weil ich immer offen sage, dass es das nicht gibt, bin ich bei gewissen Medien oder Spirituellen nicht gern gesehen. Natürlich bei all denen, die ihr Geld mit dieser Angst verdienen. Doch lass uns zuerst einmal betrachten, woher dieser Aberglaube kommt und ob vielleicht etwas Wahres daran ist?

Während der Ausbildung in England hat mich das niemand gefragt, jedenfalls niemand, der mit dem englischen Spiritismus aufgewachsen ist. Man darf den Spiritismus nicht mit der Spiritualität verwechseln. Der englische Spiritismus ist im Grunde eine Religion christlichen Ursprungs, nur besteht noch der Glaube an eine Reinkarnation und ein Leben nach dem Tod und ist nicht, wie bei unserem christlichen Glauben, herausgestrichen worden. Ursprünglich stand dieser Glaube nämlich auch in der Bibel und wurde gelehrt. Es gibt noch einige Stellen, die darauf hindeuten. So zum Beispiel als Jesus Johannes den Täufer fragt: »Bist du nicht Elias (Prophet Elias), der Wiedergekommene?« Warum fragt Jesus das Johannes, wenn es keine Wiedergeburt gibt? Ergibt wenig Sinn aus meiner Sicht.

Früher war die Ausbildung als Medium am Arthur Findlay College vor allem auch eine Priesterausbildung. Ein »Minister«, jemand, der die Ausbildung abgeschlossen hatte, durfte Gottesdienste, Beerdigungen, Taufen und Hochzeiten durchführen. Im Grunde sehr ähnlich, wie du es vielleicht aus deiner Kirche kennst.

Ich habe in England einige Beerdigungen miterlebt und auch bei ein paar mitgeholfen. Nie hatte jemand Angst, dass es dem Verstorbenen nicht gut geht oder dass er gar in der Hölle ist und ewige Qualen erdulden muss. Nur bei uns in der Schweiz, Österreich, Deutschland, Belgien, Polen, Luxemburg, Italien oder wo ich sonst noch hinreise, kommt diese Frage auf. Ebenso wie die nach der Zwischenwelt und ob man bestraft wird im Jenseits. Ich verstand diese Fragen nie, weil ich es anders wahrnahm, daher machte ich mich auf die Suche, woher dieser Irrglaube kommt und warum gewisse Kollegen so etwas behaupten. Dazu müssen wir einen Ausflug in die Bibel machen, um es genauer zu betrachten. Ich versuche mich kurz zu fassen, damit es möglichst nicht langweilig wird, weil ich weiß, dass für viele die Bibel ein rotes Tuch ist. Ich finde sie extrem spannend, mich interessieren vor allem die ursprünglichen Schriften, nicht das, was nachher alles zusammengeschrieben, gekürzt und angepasst wurde.

Wir müssen uns als Erstes bewusst machen, dass es die Hölle ursprünglich in der Bibel, so wie wir sie heute kennen, weder im Alten noch im Neuen Testament gab. Wenn du mir nicht glaubst, endlich hat sogar im März 2018 Papst Franziskus alle geschockt, als er verkündete, dass die Hölle nicht existiert und nur eine Metapher ist. Doch schauen wir auf die ganze Geschichte von Anfang an. Das Wort Hölle wurde erst im Mittelalter eingeführt, als man den Sündenablass beziehungsweise den »Ablass« eingeführt hat. Dazu benötigte es natürlich eine Hölle. Denn wer für seine Sünden nicht bezahlt hatte, konnte nicht ins Paradies gehen, sondern musste in die Hölle. Wer bezahlt hatte, hat sich im Grunde das Paradies gekauft. Natürlich gab es noch andere Methoden, um den Ablass der Sünden zu erhalten. So wurde jedem Kreuzritter, der in den Krieg zog gegen die Ungläubigen, das Paradies versprochen.

Na ja, lassen wir das, schauen wir uns die Bibel an. Im Alten Testament findet man ursprünglich das Wort »Scheol«, und das Wort »Hölle«, die deutsche Übersetzung von »Scheol«, kommt 31-mal vor. Scheol bezieht sich keinesfalls auf einen Ort eines ewig brennenden Feuers, sondern bezeichnet vielmehr den Ort oder Zustand der Toten. Dann wurde das Wort »Hades«, es kommt zehnmal in der Bibel vor, auch als Hölle übersetzt. Beide Wörter bedeuten jedoch eigentlich nicht das, was wir unter Hölle verstehen. Scheol und Hades sind die Ruhestätten der Toten, ein Ort der Zersetzung, der Zustand derjenigen, die gestorben oder vernichtet wurden. Es wurde nicht als ein Ort der Bestrafung verstanden, sondern vielmehr als die letzte Ruhestätte der gesamten Menschheit. Es gibt keine einzige Bibelstelle, in der sie für die Bestrafung nach der Auferstehung gebraucht wurden. Man hat diese Worte einfach in Hölle übersetzt und aus dem Ort, an dem die Toten ihre Ruhe finden, einen Ort der ewigen Qual gemacht. Dies alles nur, damit die Menschen gewillt waren, den Ablass oder anders für ihre Sünden zu bezahlen.

Das ist aus heutiger Sicht unverständlich. Heute würde jeder lachen, wenn der Priester für deine Sünden einen Ablass haben will. Kaum einer würde heute noch dafür bezahlen. Außer um Geld für die Kirche ging es damals auch darum, die Menschen durch die Angst vor der Verdammnis in der Hölle zu erziehen, nur Gutes zu tun und kein sündiges Leben zu führen. Die Grundidee war sicherlich nicht verkehrt, doch damit Geld abzupressen, ist immer fraglich. Vor allem finde ich es fraglich, wenn heute ein Medium einem Trauernden von der Hölle, Zwischenwelt oder Astralebene erzählt. Die gibt es ebenfalls nicht! Ein paar sehr »Geschäftstüchtige« haben sogar einfach das alte »Paradies- und Hölle-Prinzip« übernommen und sagen: »Leider ist die Seele noch nicht im Licht, aber für Betrag X räuchere ich »Oma« aus, öffne die Lichttore und rufe die Engel an, dann findet die Seele den Weg ins Licht.« Nichts anderes als moderner Sündenablass, wird da verkauft. Wer nicht für das Seelenwohl von Oma bezahlt beim Medium, ist schuld, wenn Oma in der Zwischenwelt leben muss und nicht ins Licht kann. Ganz ehrlich, das ist Schwachsinn! Es ist sogar ziemlich gemein, so mit Trauernden umzugehen. Einige glauben wahrscheinlich wirklich an das, was sie erzählen, weil sie es vielleicht so gelernt haben. Andere machen es sehr bewusst und spielen mit der Trauer der Hinterbliebenen.

Spannend finde ich, wenn ich davon auf einem Vortrag erzähle, dass dann die bösen Briefe kommen. Immer von Medien, die das so den Klienten erklären. Dabei stellen sich immer zwei Dinge heraus: Erstens war noch nie ein Medium dabei mit einer langjährigen seriösen Ausbildung. Und zweitens, immer wenn ich sagte, ich möchte es sehen, ich möchte es erforschen, will mal dabei sein, wurde ich nie eingeladen, sondern immer mit fadenscheinigen Ausreden oder Beschimpfungen abgewimmelt. Das allein spricht schon Bände. Lieber Leser, ich wünsche mir, dass du nie an jemand gerätst, wenn du in Trauer bist, der dir so etwas einredet. In solchen Momenten sind wir alle sehr verletzlich und neigen dazu, vieles zu glauben und auch Geld auszugeben, weil wir uns wünschen, dass es den Verstorbenen gut geht.

Ein paar Kollegen machen es nicht mit böser Absicht, sondern einfach aus Unwissenheit und mangelhafter Ausbildung. Sie haben wirklich das Gefühl, dass eine Seele noch nicht im Licht ist und dass man ihr helfen muss. Einige habe ich kennengelernt, bei denen ich wirklich das Gefühl hatte, dass sie es so wahrnehmen und nicht einfach Menschen über den Tisch ziehen wollen. Sobald ich diese Medien bei der Arbeit beobachtete, wurde mir allerdings sehr schnell bewusst, warum sie es so wahrnehmen. Die wenigsten Medien unterscheiden zwischen Sensitivität und Medialität. Wie ich bereits erklärt habe, sind die Hellsinne, mit denen wir Informationen empfangen, bei beiden Arten dieselben. Aber die sensitive Arbeit läuft vor allem über das Solarplexuschakra, man liest die Energie von festen Objekten, zum Beispiel Räumen, der Aura, Orten. Während bei der medialen Arbeit die Kommunikation hellsichtig betrachtet über das Kehlchakra stattfindet und nicht über das Kronenchakra, wie es viele beschreiben oder erzählen.

Die Erklärung für diesen Irrglauben ist dann ganz einfach. Wenn sie sensitiv arbeiten, sind sie nicht mit der Seele des Verstorbenen verbunden, sondern lesen die Energie im Raum.

Beispiel

Ich war einmal mit einem anderen Medium an einem Ort, an dem früher eine Schlacht ausgetragen wurde und Krieg herrschte. Das Medium war davon über-

zeugt, dass die Seelen dort immer noch umherirren, Krieg führen und den Weg ins Licht nicht fanden. Für mich entsprach das nicht der Wahrheit, aber ich bin immer offen, etwas Neues zu lernen. Da ich das Medium schon länger kenne, war ich sehr offen für ihre Wahrnehmung. Als wir ankamen, fragte sie mich: »Fühlst du nicht diesen Druck und diese Schwere?« Natürlich fühlte ich ihn auch, aber dieser Druck und diese Schwere kamen nicht von den Verstorbenen/den Seelen, sondern aus dem Ort, weil hier Krieg geführt wurde und Menschen starben. Angst und Panik lag damals in der Luft und der ganze Ort speicherte diese Energie. Energien speichern sich an Plätzen und man kann sie über Jahre noch lesen. Ich fand es spannend zu erkennen, dass meine Kollegin nicht medial arbeitete, sondern sensitiv. Sie las die Energie des Ortes. All der Schmerz, den sie wahrnahm, waren Abspeicherungen von Gefühlen, dessen, was an diesem Ort stattgefunden hatte, aber nicht von Seelen. Es war nur die Restenergie der Taten.
Dann sagte sie: »Siehst du nicht die Soldaten, die noch kämpfen, die immer wieder dasselbe erleben und nicht im Licht sind?« Da ich nun wusste, dass sie die Energie des Ortes las und nicht mit verstorbenen Soldaten in Kontakt stand, schaltete ich meine Sensitivität ein und nahm dieselben Bilder wahr wie sie. Auf der medialen Ebene jedoch war alles ruhig und friedlich. Die Seelen waren alle im Licht.

Kann man diese beiden Ebenen nicht unterscheiden oder weiß nicht einmal, dass es sie gibt, dann verstehe ich, warum einige Kollegen wirklich davon ausgehen, es gäbe Seelen, die noch nicht im Licht sind. Daher sind nicht alle, die davon erzählen, schlecht, sie sind einfach nicht gut genug ausgebildet und können Sensitivität und Medialität nicht auseinanderhalten. Ihre Absicht ist es nicht, den Klienten zu betrügen, sie verbinden sich einfach nicht mit dem Jenseits, sondern mit dem Diesseits und lesen, was passiert ist.

Falls dir mal ein Medium erzählt, ein Verstorbener sei nicht im Licht, frage ihn zwei Dinge: Wie lange und wo er in der Ausbildung war. Und er soll dir den Unterschied erklären zwischen Sensitivität und Medialität. Dann kannst du feststellen, wie er es wahrnimmt. Ich werde später, wenn ich von meiner Arbeit für die Polizei berichte, noch einmal genauer auf dieses Phänomen eingehen.

Warum geht es allen Verstorbenen gut?

Ich habe gerade mit RTL Deutschland telefoniert, weil wir eine zweite Sendung vorbereiten und da sagte mir die Redakteurin: »Pascal, es ist schon krass, von allen Menschen, mit denen ich über dich und deine neue Sendung spreche, sagen mir viele, sie würden es auch gern einmal erleben, einfach nur um zu wissen, ob es ihren Verstorbenen wirklich gut geht.« Ich meinte dann, dass das genau die Frage sei, die mir bisher am häufigsten gestellt wurde. So viele Menschen haben Angst, dass es dem Verstorbenen nicht gut geht. Dass er nicht an einem schönen Ort ist oder gar noch Schmerzen hat. Ich bin sehr aktiv auf Instagram, Podcast oder Facebook und gebe meinen Followern immer mal wieder die Möglichkeit, mir bei Live-Videos Fragen zu stellen, und selbst dort kommt diese Frage immer wieder. Das zeigt aber leider auch, dass sehr viele ein falsches Bild vom Leben nach dem Tod haben oder sich einfach nicht damit auseinandersetzen. Das ist für mich ein bisschen unverständlich. Wir interessieren uns für so viele Dinge, doch kaum einer macht sich Gedanken über das Sterben, obschon es das Einzige ist, was alle Menschen dieser Erde erleben. Egal, an was du glaubst, egal, wie gesund du lebst, welche Religion du hast, wir werden alle eines Tages diese Welt verlassen und sterben. Jedenfalls physisch.

Natürlich macht sich nur jemand Gedanken, ob es dem Verstorbenen wirklich gut geht, der auch an ein Leben nach dem Tod glaubt. Da diese Frage immer wieder kommt, werde ich hier noch einmal vertiefter darauf eingehen. Ich wünsche mir sehr, dass niemand leidet, der einen Lieben verloren hat, nur weil er Angst hat, dem Verstorbenen könnte es nicht gut gehen. Diese Angst ist absolut unbegründet. Ich habe dieses Kapitel in vier Themen unterteilt, damit es übersichtlich bleibt.

Schmerzen

Natürlich wissen wir, dass wir nach dem Tod nicht mehr körperlich oder physisch weiterexistieren, sondern nur noch energetisch, also als reine Energie. Trotzdem fragen mich viele, ob die Verstorbenen noch Schmerzen fühlen oder körperliche Behinderungen haben. Darauf antworte ich immer mit einem sehr klaren Nein. Nur unser Körper kann Schmerzen empfinden. Nur solange wir Nerven und ein Gehirn haben, das diese Nervenimpulse in Schmerz übersetzt, empfinden wir Schmerzen. Doch da wir in der geistigen Welt weder Nerven noch ein physisches Gehirn besitzen, empfinden wir auch keine Schmerzen mehr.

Dann kommt aber oft als Antwort: »Ich sah eine Demonstration von dir und da hast du gesagt, du siehst die

Verletzungen, die der Verstorbene nach dem Autounfall hatte; oder du kannst wahrnehmen, dass der Mann im Rollstuhl sitzt. Wie kann das sein?« Das ist sicherlich verwirrend. Als Medium ist es jedoch meine Aufgabe, zuerst einmal zu beweisen, dass ich mit einem Verstorbenen in Kontakt stehe und dass er mir dabei etwas aus seinem Leben erzählt, damit der Klient sicher sein kann, dass ich als Medium wirklich Dinge von dem Verstorbenen weiß, die ich nicht wissen kann. Dabei zeigen mir die Verstorbenen oft auch Angelegenheiten, die nicht ideal waren, zum Beispiel wie sie gestorben sind, welche Krankheiten, Unfall, Mord oder eben ob sie körperliche oder geistige Beeinträchtigungen hatten. Das machen sie jedoch nicht, weil sie diese immer noch haben, nein, sie zeigen es mir als Beweis, damit der Klient sicher sein kann, dass es zum Beispiel wirklich der Vater ist, den ich sehe. Nehmen wir an, dein Vater saß sein Leben lang im Rollstuhl und ich würde sagen: »Dein Papa ist hier und er rennt wie verrückt hin und her.« Du würdest mir wohl kaum glauben, weil du weißt, dein Papa saß im Rollstuhl. Daher zeigt er sich in dem Moment genau so, aber nicht weil er immer noch im Rollstuhl sitzt, sondern weil du ihn so gekannt hast. Also, wenn ein Verstorbener Schmerz, Leid, Wunden, Verletzungen oder anderes zeigt, dann nicht, weil er diese immer noch hat, sondern einfach als Beweis, damit der Klient es verstehen kann.

Demenz oder Alzheimer

Für mich war es immer faszinierend, wenn ich mit einem Verstorbenen in Kontakt trat, der Alzheimer hatte oder dement war, er konnte mir sehr oft genau sagen, was zum Beispiel in den letzten Stunden seines Todes passiert war, wer ihn noch besucht hat, was noch besprochen wurde. Daher sollten wir uns bewusst machen, obschon wir manchmal das Gefühl haben, die sind in ihrer Welt verstrickt, dass sie zumindest auf der geistigen Ebene noch alles sehr genau mitbekommen. Also achte darauf, worüber gesprochen wird, und probiere, Streit zu vermeiden, wenn jemand im Sterben liegt. Das menschliche Bewusstsein weiß es vielleicht nicht, aber nach dem Tod, in der geistigen Welt wissen sie alles noch sehr genau. Denke auch daran, in der geistigen Welt ist niemand mehr dement oder leidet an Alzheimer, das ist ein physisches Problem, also ein Defekt des Körpers beziehungsweise des Gehirns. Da wir beides in der geistigen Welt nicht mehr haben, sind auch diese Krankheiten so wie jede andere verschwunden.

Geistige Behinderung

Ich denke, du kennst die Antwort, wenn du die letzten Abschnitte gelesen hast. Eigentlich ist das, was wir geistige Behinderung nennen, keine geistige Behinderung, sondern liegt rein auf der körperlichen Ebene, es ist ein Defekt des Gehirns. Doch die Seele ist das, was wir wirklich sind. Diese kennt keine Einschränkungen oder Behinderungen. Es ist lediglich eine Erfahrung, die sich die Seele ausgesucht und einen Körper gewählt hat, mit dem sie genau diese Erfahrungen machen konnte.

Wir dürfen nicht vergessen, wir inkarnieren hier auf der Erde, um Erfahrungen zu sammeln, die Seele möchte sich erfahren. Lebt jemand von Geburt an mit einer geistigen oder körperlichen Einschränkung, hat die Seele das bewusst gewählt, um gewisse Erfahrungen zu machen, auch wenn das aus menschlicher Sicht oft nicht nachvollziehbar und schwer zu verstehen ist. Doch als Seele, wenn wir wählen dürfen, ist es unser Anspruch, zu wachsen und uns zu entwickeln. Vergiss nie, du lernst am meisten, wenn es Probleme gibt in deinem Leben, wenn es schwer ist, und nicht dann, wenn alles gut läuft. Gerade dann schätzen wir oft unser Leben viel zu wenig.

Aber zurück zum eigentlichen Thema. In der geistigen Welt ist jede Seele ohne Behinderung, selbst wenn wir hier auf der Erde manchmal davon sprechen, jemand sei geistig krank. Denke daran, unsere Seele ist nie krank, sie ist immer gesund. Das, was wir oft als seelisch oder geistig krank bezeichnen, ist im Grunde unsere Psyche und nicht unsere Seele. Jeder, der auf der Erde geistig behindert ist, ist, sobald er in der geistigen Welt ist, absolut frei davon. Wenn sich mir als Medium jemand zeigt, der während des Lebens Einschränkungen hatte, erkenne ich diese nur noch als Beweis, die Seele an sich ist genauso heil und rein wie bei allen anderen Verstorbenen.

Beispiel

Ich erinnere mich noch gut daran, als ich das erste Mal mit einem verstorbenen Jungen in Kontakt trat, der während seines Lebens Autist war und nicht sprechen konnte. Ich wusste nichts davon, die Klientin sagte mir nur, sie wolle mit ihrem Sohn Kontakt haben, der als Jugendlicher gestorben war. Ich nahm den jungen Mann sofort wahr, sein Äußeres war »normal« und ich konnte nicht feststellen, dass er im Leben Autist war. Ich bat ihn, er solle mir erzählen, wie er so gelebt hatte und warum er hier ist, damit ich der Mutter beweisen kann, dass er wirklich da sei. Plötzlich schnürte es mir den Hals zu und ich konnte kaum noch sprechen. Ich verstand nicht, was er sagen wollte. Es kam eigentlich nichts, außer diesem sehr unangenehmen Gefühl. Ich konnte es nicht einordnen und so gab ich es einfach weiter: »Ich glaube, ich muss die Sitzung abbrechen, ich fühle mich nicht sehr wohl. Irgendwie kann ich deinen Sohn sehr gut wahrnehmen, aber ich kann nicht sprechen und es drückt mir den Hals zu.« Die Mutter meinte daraufhin: »Mein Sohn konnte auch nicht sprechen, kann es sein, dass dir deswegen das Sprechen schwerfällt?«

Als sie das sagte, musste ich lachen, eigentlich spreche ich ja nicht mit den Verstorbenen wie mit Menschen, es ist eher eine gefühlte Bildsprache. Darauf gehe ich später noch ein. Indem er in *mir* das unangenehme Gefühl »Nicht-sprechen-Können« auslöste, wollte er mir nur zeigen, dass *er* in seinem Leben nicht sprechen konnte. Ich fragte ihn in Gedanken, ist es das, was du mir sagen willst? Das Gefühl verstärkte sich kurz, dann lachte er und kommunizierte ganz normal mit mir: »Ja, meine Mutter ist sehr skeptisch, und wenn du nicht herausgefunden hättest, dass ich nicht sprechen kann, dann hätte sie dir nicht geglaubt. Deswegen musste ich es dir unangenehm machen. Sag ihr das.« Ich gab das der Mutter weiter, sie begann zu weinen und meinte: »Ja, genau so ist es. Für mich war das der größte Beweis.«

»Sag jetzt meiner Mutter, dass ich an einem wunderbaren Ort bin, dass ich frei bin und mich austauschen kann. Dass ich Freunde habe und nicht mehr in meiner Welt gefangen bin, so wie damals auf der Erde. Sag meiner Mutter, dass ich diesen Weg bewusst gewählt hatte, weil ich lernen wollte, wie es ist, umgeben von Menschen zu sein und doch gefangen in der Einsamkeit. Sage ihr danke für all die Mühe, die sie sich gegeben hat, und all die Liebe, die ich gespürt habe. Diese Liebe hat mich immer erreicht, auch wenn ihre Worte oft nicht bis zu mir durchdrangen. Die Liebe habe ich immer gespürt.«

Mich hat diese Sitzung damals sehr berührt und ich fand es schön zu sehen, wie es ihm jetzt ging. Ich habe inzwischen mit vielen Verstorbenen Kontakt gehabt, die im Leben eine Einschränkung hatten, doch nie konnte ich einen Unterschied zu anderen Verstorbenen wahrnehmen, sobald sie in der geistigen Welt waren.

Psychische Probleme

Der letzte Punkt, den ich noch ansprechen möchte, sind psychische Probleme, zum Beispiel Depressionen oder Ängste. Jede Depression oder auch sonst viele psychische Probleme sind keine Probleme der Seele, sondern unseres Gehirns. Da wir in der geistigen Welt als Verstorbener kein Gehirn mehr haben, haben wir auch keine Depressionen mehr. Ich habe meinen Geistführer einmal gefragt, warum ich noch nie einen Verstorbenen getroffen habe, der noch Ängste hatte, oder einfach jemanden, dem es psychisch nicht gut geht. Er erklärte mir dazu Folgendes: »Schau, jede Angst, die du als Mensch hast, egal welche, hat eigentlich die Ursache, dass du Angst vor dem eigenen Tod hast oder dass jemand anders sterben könnte. Auch bei kleinsten Ängsten, wenn du sie genauer betrachtest, warum du so empfindest, ist immer die Ursache Angst deines Todes oder von anderen, die du liebst. Gut, bei gewissen Ängsten ist diese Ursache schwerer zu erkennen, aber im Grunde ist es immer so.

Als Verstorbener in der geistigen Welt lösen sich alle Ängste auf, weil du die Erfahrung gemacht hast, dass du unsterblich bist. Dass du immer noch lebst, einfach in einer anderen Form. Du weißt zum Beispiel, dass du alle, die du liebst, eines Tages wiedersehen wirst. Du weißt, dass alles Schwere, was jemand im Leben erlebt, ihm nur im Leben schwer vorkommt, aber sobald er in der geistigen Welt ist, ist dieses Leiden vorbei. Du erkennst, du kannst wirklich nicht sterben, und du siehst, dass dieses Leben eigentlich nur ein Spiel ist. Es ist wie ein Theaterstück und als Mensch habt ihr das Gefühl, dieses Theaterstück sei real. Das ist aber eine menschliche Täuschung.

Du erkennst das als Verstorbener, du merkst, dass alles nur eine Rolle, nur eine Illusion war, und somit lösen sich alle Ängste ins Nichts auf. Das ist jedoch aus menschlicher Sicht schwer zu verstehen und nachzuvollziehen. Auch deine Leser erfahren das als Mensch und werden es schwer haben zu glauben, dass das Leben auf der Erde einfach nur eine perfekte Illusion eines Spiels ist. Die Seelen/Verstorbenen wissen das jedoch, nur du als Mensch bist unwissend, und wenn du es schaffst, es als Mensch genau zu wissen und zu erfahren, dann lösen sich auch alle Sorgen, Probleme und Ängste ins Nichts auf. Allerdings gelingt das nur wenigen Menschen, weil reines Wissen darüber macht noch keine Erfahrung. Sobald du es als Mensch erfährst, wären alle Sorgen, Probleme und Ängste weg. Du wärst frei, aber dann müsstest du auch nicht mehr inkarnieren. Weil ab diesem Zeitpunkt jede Inkarnation sinnlos geworden wäre. Eines Tages wird jede Seele frei sein und das erkennen. Jeder Verstorbene macht genau diese Erfahrung, sobald er gestorben und wieder zurück in seiner wahren Heimat ist, in der geistigen Welt.«

Dieses Thema ist sehr komplex und vielleicht musst du diese Sätze einige Male lesen. Ich weiß heute ganz sicher, dass kein Verstorbener an einem schlechten Ort ist, alle sind im Licht und es gibt in Wahrheit niemanden, der leidet in der geistigen Welt.

Lebensrückschau

Auch die folgende Frage taucht immer wieder auf: »Wenn das alles so stimmt, was man so hört oder liest, dann kann ich mein Leben einfach so leben, wie ich es möchte, und es ist egal, ob ich ein ›guter‹ oder ›schlechter‹ Mensch bin.« Alle kommen ins Licht und viele finden das sehr ungerecht. Das ist ein gutes Argument, und wenn ich ehrlich bin, hatte ich damit ebenfalls lange meine Schwierigkeiten. Wir Menschen sind in unserer Gedankenwelt oft in einem Bestrafungssystem gefangen und wünschen uns insgeheim, dass jeder eines Tages für seine bösen Taten bestraft wird. Aber wenn es keine »Hölle« gibt, bedeutet das ja, dass wir alle an denselben Ort kommen. Ich verstehe jeden, der diese Gedanken hat. Mein Geistführer hat es mir dann genauer erklärt, und das half mir, eine Antwort auf diese Frage zu finden.

Jeder Mensch, der stirbt, muss sich in der geistigen Welt zuerst sein Leben noch einmal anschauen, er sieht alle Taten, die gut waren, sieht aber auch alles, was nicht ideal lief. Wenn du bereits über Nahtod-Erfahrungen gelesen hast, weißt du, dass viele Menschen erzählt haben, wie sie erlebten, dass ihr ganzes Leben noch einmal an ihnen vorbeigezogen ist und sie alles im Schnelldurchlauf erlebt haben. Das ist das, was ich als Lebensrückschau bezeichne.

Solltest du aber sehr schlimme Taten begangen haben, dann wirst du diese genauer betrachten müssen, du erlebst dabei, wie sie für das »Opfer« und die Angehörigen waren, wirst anschauen müssen, wie viel Leid du in eine Situation gebracht hast, und wirst dieses Leid nun selbst erleben. Das geschieht, damit du durch Erfahrung lernen kannst, weil wir oft nur durch eigene Erfahrung erkennen, wie schmerzhaft eine Situation ist. Doch niemand kommt vor einen Richter, Gott oder eine andere Instanz, die über uns urteilt, wir müssen in das, was wir getan haben, selbst noch einmal eintauchen und es erleben, damit wir eine Erkenntnis daraus ziehen.

Wir dürfen ebenfalls nicht vergessen, dass wir ja bewusst auf der Erde inkarnieren, um in die Dualität zu gehen, um aus Schmerz und Leid zu lernen. Gewisse sehr grausame Taten wurden aber bewusst bevor wir inkarnieren geplant, damit die Seele oder das Umfeld der Seele an einem Schicksalsschlag wachsen kann. Wir verurteilen Mörder und ein Mord ist nichts, was man verstehen kann. Bei meiner Polizeiarbeit habe ich allerdings sehr oft erlebt, dass ein Mörder nicht als Mörder geboren wird, sondern oft selbst sehr viel Hass, Schmerz, Demütigung oder anderes Leid erfahren hat in seinem Umfeld, und dass er deswegen vom Weg abgekommen ist. Das ist keine Entschuldigung, es half mir nur, es besser zu verstehen.

Manchmal frage ich bei meinem Vortrag: »Wer von euch findet Krieg okay?« Nie geht da eine Hand hoch, nie sagt jemand, Krieg sei gut. Aber wenn ich frage: »Wer würde sein Kind verteidigen, wenn ihm Gewalt geschieht?« oder »Wer würde jemanden töten, damit sein Kind nicht getötet wird?« Spannend, wie viele Hände dann nach oben gehen. In einem Fall verurteilen wir Mord oder Gewalt aufs Schärfste, doch sobald es uns selbst oder unser Kind betrifft, ist Gewalt in Ordnung. Das zeigt, wie wir Menschen funktionieren. Wenn man einen normalen Soldaten fragt, warum gehst du in den Krieg? Ich rede nicht von denen, die Kriege anzetteln, und auch nicht von den Soldaten, die psychopathische Züge zeigen, sondern von normalen Männern und Frauen, die im Krieg kämpfen. Dann wird dir keiner sagen: »Weil ich es toll finde, Menschen zu töten.« Sondern: »Weil ich meine Familie, mein Land, mein Leben verteidigen möchte.« Also eigentlich genau das, warum eine Mutter oder ein Vater auch ihre Kinder beschützen würden, wenn ihnen Gewalt oder gar der Tod angedroht wird. Eine andere Situation, aber es ist die gleiche Motivation. Ich weiß, es ist ein sehr schwieriges emotionales Thema. Doch es ist wichtig, das Ganze aus einem anderen Blickwinkel heraus zu betrachten.

Oft wird gesagt, dass sich Mörder und Opfer anziehen und dass alles einen Grund hätte aus spiritueller Sicht. Wenn man es aus der geistigen Welt heraus betrachtet, ist es sicher so, als Mensch können wir es wahrscheinlich nie nachvollziehen. Meine Erfahrungen, die ich in der Zusammenarbeit mit der Polizei machen durfte, zeigte mir etwas Spannendes. Wenn ich bei Mordfällen geholfen habe, dachte ich am Anfang immer, dass es leicht sei. Ich müsste nur den Verstorbenen fragen: »Wer hat dich getötet?« Doch so leicht ist es leider nicht.

Beispiel

Ich kann mich noch gut erinnern, als ich für die Frankfurter Polizei einen Auftrag erhielt, ging ich mit meinem damaligen Assistenten an den vereinbarten Ort. Es war das erste Mal, dass ich für einen Mord angefragt wurde, zumindest zu einer Vorbesprechung. Die Polizisten waren extrem kritisch, weil die Zusammenarbeit mit einem Medium selten bis nie der Fall ist. Dieses Treffen kam auch nur auf Wunsch der Angehörigen zustande. Ehrlich gesagt war es keine offizielle Ermittlung, sondern eine inoffizielle. Deswegen darf ich darüber schreiben. Jedenfalls war der Sohn des ermordeten Vaters mit dabei, weil es sein Wunsch gewesen war, dass ich bei dem Fall half. Ich dachte vorher, ich stelle dem verstorbenen Vater einfach die Frage und dann ist die Sache schnell erledigt. Wie gesagt, es war mein erster Fall.

Als ich den Vater wahrnahm und ihn fragte, meinte er: »Es ist nicht wichtig, wer mich getötet hat. Ich habe ihr verziehen und es ist alles in Ordnung. Es war in meinem Lebensplan enthalten, dass ich getötet werde, da-

her hat der Mörder nur seinen Auftrag erfüllt, damit ich diese Erfahrung machen konnte und meine Familie lernen darf, mit dem Geschehenen umzugehen!«
Ich saß da und glaubte es nicht. Vor allem, was sollte ich der Polizei, dem Sohn und meinem Assistenten sagen: »Für deinen Vater ist es kein Problem, es musste alles so geschehen wie es passiert ist. Der Mörder hat nur seinen Job gemacht.« Ich glaube, dann wäre ich für völlig verrückt erklärt worden und hätte wohl nie wieder für die Polizei arbeiten dürfen. Ich sagte also erst einmal nichts, sondern sagte zu meinem Assistenten, der von mir zum Medium ausgebildet wurde: »Schau du bitte mal, was der Vater meint. Dann tauschen wir uns aus und vergleichen, welche Fakten identisch sind.«
Mein Assistent nahm Kontakt auf und meinte dann sehr schnell: »Können wir bitte nach draußen gehen und dies kurz in Ruhe besprechen?« Ich fragte den Kriminalbeamten und es war in Ordnung. Draußen vor der Tür flüsterte er beunruhigt: »Sorry, ich bin nicht fit. Der Vater sagt mir immer nur, es gehörte in seinen Lebensplan. Es sei gut so, wie es ist.« Ich lachte: »Puh, bin ich froh, ich habe auch nur das bekommen! Was machen wir jetzt?«
Wir gingen wieder hinein. Mir war klar, dass ich in diesem Fall medial nicht weiterkomme, weil der Vater nicht antworten möchte. So etwas habe ich später noch einige Male erlebt. Also habe ich mich auf den

Tatort eingestimmt und sensitiv die Tat aus dem Raum gelesen. Das funktionierte in diesem Fall wunderbar, ich konnte dann der Polizei sagen, wo es DNA-Spuren gab, und aus der Aussage des Vaters hatte ich herausgehört, dass es eine Frau sein müsste. Weil er gesagt hatte, IHR verziehen … Die Polizisten fanden an dem Ort, den ich beschrieb, wirklich DNA-Spuren und diese waren von einer Frau. So konnte die Mörderin überführt werden. Dabei lernte ich, dass es zum Teil Taten gibt, die schrecklich sind und im menschlichen Sinn unverständlich, aber sie gehören in unseren Lebensplan.

Um noch einmal auf den Punkt zu kommen, niemand wird bestraft, aber die Rückschau unseres Lebens kann oft sehr extrem sein, wenn wir schreckliche Dinge getan haben. Was ich jedoch bei meinen Vorträgen ebenfalls immer wieder sage, und was mir von vielen Verstorbenen nahegelegt wurde, für viele, die ein normales Leben gelebt haben, war das Anschauen ihres Lebensfilms auch nicht gerade angenehm. Weil sie erst bei der Rückschau erkannten, dass sie eigentlich nicht wirklich gelebt haben. Viele Verstorbene, wenn ich sie frage, ob sie noch etwas vermissen, sagen mir: »Ja, dass ich nicht mehr gelacht habe, dass ich nicht verrückter war, dass ich nicht mehr Zeit mit der Familie und Freunden verbracht habe und so weiter.« Häufig erkennen sie erst bei dieser Rückschau, dass ihr ganzes Leben nur aus Sorgen, Arbeiten, Stress und

Pflichtbewusstsein bestand. Dass sie sich zu wenig Zeit für Lachen und Spaß genommen haben.

Ich sage auf meinen Vorträgen oft provokativ: »Liebe Leute, ihr lebt noch, doch wenn du 40 Jahre lang neben einem Partner aufwachst, den du eigentlich nicht mehr liebst, oder dich jeden Montag zur Arbeit quälst, wirst du bei der Rückschau deines Lebens schon ein bisschen die Hölle erleben. Du musst dir dann nämlich noch einmal die 40 Jahre anschauen, wie du unglücklich neben ›Fredy‹ am Morgen aufwachst und dich jeden Montag zur Arbeit quälst.« Viele lachen dann, doch das ist kein Witz. Ich meine das vielleicht überspitzt, aber dennoch ernst. Die Verstorbenen wünschen sich nichts mehr, als dass sie wirklich gelebt hätten, und sie sagen immer wieder: »Sag meinen Angehörigen, sie sollen aufhören zu trauern, sie sollen lachen und wieder leben. Ich bin gestorben und nicht sie. Aber sie benehmen sich wie die Toten. Wir hier in der geistigen Welt leben oft viel mehr als die noch Lebenden.« Solche oder ähnliche Aussagen habe ich fast von jedem Verstorbenen gehört. Das war auch der Grund, warum ich meine Enjoy this Life®-Methode ins Leben gerufen habe. Mich haben die Verstorbenen animiert, den Lebenden wieder beizubringen, richtig genussvoll zu leben. Welch eine Ironie!

Suizid

Als ich noch Einzelberatungen gab, kam ich sehr häufig mit dem Thema Suizid in Berührung und wurde oft darauf angesprochen. Es ist ein sehr schwieriges Thema, aber ich weiß, dass sicher einige, die dieses Buch lesen, jemanden durch den Freitod verloren haben.

Einige Leute meinen: »Du sagst doch immer, es ist alles wunderbar in der geistigen Welt. Warum sollte ich dann hier noch mein schweres Leben weiterleben? Ich nehme mir doch lieber selbst das Leben und dann sind alle Probleme weg.« Doch so leicht ist das nicht. Suizid ist nie die Lösung. Das heißt, obschon es in der geistigen Welt wunderschön ist und niemand bestraft wird, ist der Freitod keine langfristige Lösung für ein schnelles, unbeschwertes Leben in der geistigen Welt. Denn jede Seele bringt Aufgaben und Herausforderungen mit in dieses Leben. Und wenn wir die hier auf der Erde nicht zu Ende führen, dann werden wir sie in der nächsten Inkarnation zu Ende führen müssen. Der Freitod ist also nur eine Problemverschiebung, keine Lösung.

Wenn wir sterben, betrachten wir unseren Lebensfilm wie eine Rückschau, wie im vorigen Kapitel erklärt. Wir analysieren dabei, was wir Gutes getan haben, was noch nicht so ideal war, auch was unser Handeln bewirkt hat und welchen Einfluss es auf unser Umfeld und unsere Mitmenschen hatte. So kann je nach Lebensführung dieser Film harmonisch oder auch weniger schön sein.

Die Lebensaufgabe bleibt bestehen – auch beim Freitod. Um es auf den Punkt zu bringen – wer selbst entscheidet, aus dem Leben zu gehen, wird dennoch früher oder später die gleiche Aufgabe in einem anderen Leben zu Ende führen müssen. Es gibt kein Entkommen. Das hört sich jetzt hart an, aber wir dürfen nicht vergessen, wir inkarnieren, weil wir lernen wollen, und wenn wir selbst den Lernprozess abbrechen, haben wir die Lernaufgabe noch nicht erfüllt.

Wir sollten jedoch niemanden verurteilen, der den Weg des Freitodes geht. Wir brauchen keine Angst haben, dass ihnen Strafe, Hölle, Schattenwelt oder was weiß ich noch alles droht in der geistigen Welt. Das ist aus meiner Sicht absoluter Blödsinn, wie ihr wisst. Ich habe noch nie einen Verstorbenen gesehen, der sagte, dass er bestraft wurde oder an einen anderen Ort kam als ins Licht, nur weil er selbst aus dem Leben gegangen war. Niemand wird bestraft. Es herrscht bedingungslose Liebe in der geistigen Welt.

Die geistige Welt/Gott ist Liebe, und zwar bedingungslose Liebe. Wenn ein Mensch seinem Leben selbst ein Ende setzt, geschieht das nicht ohne Grund, meistens ist der Leidensdruck unendlich groß, sodass er keinen anderen Weg mehr sieht. Was braucht diese Seele? Strafe, Verdammnis, Hölle? Ganz bestimmt nicht. Sie braucht nur Verständnis und Liebe! Und das bekommt sie auch. Ich habe die geistige Welt als pure Liebe kennengelernt, und wo pure Liebe ist, da gibt es keine Strafe oder Hölle.

Dieses beschränkte Denken gibt es zum Glück nur unter den hier auf der Erde Lebenden.

Trotz allem ist Suizid keine Lösung, schließlich haben wir unsere Aufgaben und werden so lange wieder auf die Erde geboren, bis wir diese erfüllt haben. Geht jemand freiwillig aus dem Leben, dann lernt er daraus, wenn er seinen Lebensfilm anschaut. Seine Geistführer/Engel stehen ihm dabei zur Seite und helfen ihm zu erkennen, wie er bei einer erneuten Inkarnation die Aufgaben leichter und besser meistern kann. Daher ist es auch, wenn im nächsten Leben seine Aufgaben wieder in sein Leben treten, für die Seele leichter, weil sie bereits »Erfahrung« hat. Auch wenn das in einer unbewussten Ebene geschieht, wird er in Zukunft nicht mehr an der Aufgabe scheitern.

Solltest du also jemanden durch Freitod verloren haben, denke daran, dem geht es genauso gut wie allen anderen Verstorbenen. Er ist umgeben von seinen Liebsten und im Licht wie jede andere Seele auch.

Die Verstorbenen vermissen uns nicht

Einige Tage nachdem mein Vater gestorben war, fragte ich ihn mal: »Papa, vermisst du mich eigentlich?« Seine Antwort war sehr klar: »Nein!«

»Papa, komm, nur ein bisschen?«

»Nein, ich vermisse niemanden.« Ich war schockiert und dachte dann, es läge an unserer Beziehung, die wir eigentlich erst so richtig kurz vor seinem Tod aufgebaut hatten. Vorher hatte ich kaum Kontakt zu ihm, da sich meine Eltern sehr früh trennten. Diese Frage stellte ich ihm kurz nach dem Tod, ich war damals noch in der Ausbildung zum Medium. Dann fiel mir ein, dass mir bis dahin noch kein Verstorbener so etwas erzählt hatte. Trotzdem fragen wir Hinterbliebenen uns das sehr oft, weil wir die Verstorbenen selbst sehr vermissen. Bis heute traf ich aber noch nie einen Verstorbenen, der mir sagte, dass er seine lebenden Angehörigen vermisst. Sicher bist du jetzt geschockt. Mir ließ die Antwort meines Vaters damals auch keine Ruhe und so fragte ich weiter. »Papa, du sagst, du vermisst mich nicht. Liegt es daran, dass ich noch mit dir in Kontakt treten kann?«

»Nein, ich vermisse niemanden. Schau, mein Sohn, für uns Verstorbene gibt es diese Trennung nicht. Nur für euch Menschen existiert sie, für mich nicht mehr. Immer wenn du an mich denkst oder deine Schwester oder ein Freund, dann nehme ich diesen Gedanken wahr und bin bei euch. Wenn ich das Bedürfnis habe, kann ich bei jedem, der noch lebt, vorbeigehen und wahrnehmen, wie es ihm geht, was er so macht. Deswegen vermissen wir niemanden, so wie ihr uns vermisst. Außerdem habe ich alle lieben Verstorbenen wiedergetroffen, die vor mir gegangen sind. Wir sind alle zusammen in der geistigen Welt, daher weiß ich, dass ich eines Tages auch wieder mit dir zusammen bin. Es ist, als wenn ich im Urlaub bin und einfach zu 100 % weiß, dass wir eines Tages wieder vereint sein werden. Ich weiß, dass ich es überlebt habe, und ich weiß jetzt, dass der Tod nicht das Ende ist, dass ich an einem neuen lichtvollen Ort weiter existiere und eines Tages wieder vereint mit euch allen sein werde. Wie soll ich bei all dem Wissen jemanden vermissen? Niemand, kein Verstorbener vermisst jemanden. An diesem Ort, wo ich bin, gibt es weder Raum noch Zeit, wir haben nicht dieses Zeitempfinden wie ihr noch Lebenden. Wenn du vielleicht noch 100 Jahre lebst, ist das für mich nur ein kurzer Augenblick der Trennung. Ich bin immer da, wenn du an mich denkst. Jeder Verstorbene ist immer da, wenn man an ihn denkt, daher nein, wir vermissen euch nicht in der Form, wie man als Mensch jemanden vermisst.«

Nach diesen Worten verstand ich besser, warum er mich nicht vermisste und es gab mir die Ruhe, die ich brauchte. Ich hoffe und wünsche dir, mein lieber Leser, dass auch du dir keine Sorgen mehr machst, dass dich ein Verstorbener vermisst. Nur für uns gibt es diese Trennung, nicht aber für die Verstorbenen. Immer dann, wenn du an einen lieben Verstorbenen denkst, ist er bei dir. Vielleicht wird es dir manchmal gelingen, ihn zu spüren, seine Präsenz wahrzunehmen. Doch auch wenn dir das nicht gelingt, sei dir bewusst, er ist immer bei dir.

Niemand stirbt allein

Wenn du schon mal jemanden begleitet hast, der im Sterben lag, oder wenn du Arzt, Krankenschwester oder Pfleger bist, der oft mit Sterbenden zu tun hat, wirst du wahrscheinlich das Folgende festgestellt haben. Etliche, die im Sterben liegen, erzählen plötzlich davon, dass verstorbene Angehörige da sind, um sie abzuholen. Das können dir viele Menschen bestätigen, die regelmäßig mit Sterbenden zu tun haben. Wenn die Seele beginnt sich zu lösen, der Tod langsam eintritt, wird die Trennung zwischen diesseits und jenseits gelockert und der Sterbende sieht seine Liebsten, die auf ihn warten. Das haben mir auch die Verstorbenen bei Einzelberatungen gezeigt, sehr oft haben sie mir beschrieben, von wem sie abgeholt wurden. Daher brauchst du keine Angst zu haben, niemand stirbt allein. Niemand ist allein in der geistigen Welt.

Wenn kleine Kinder sterben, denken die Eltern oft: »Mein Kind ist ganz allein, Oma und Uroma oder X, alle leben noch.« Vergessen wird dabei jedoch, dass dort etliche Vorfahren von uns sind, die wir oder das Kind nie kennengelernt haben und die dennoch auf uns warten. In der geistigen Welt sind sie uns auch nicht fremd, weil sie zu unserer Seelenfamilie gehören, und selbst ein kleines

Kind kann sich, sobald es in der geistigen Welt ist, sofort wieder an alle erinnern. Denke auch daran, dass wir alle begleitet werden von Geistführern/Engeln, dass diese uns schon mehrere Leben begleiten. Sobald wir wieder zu Hause sind in unserer wahren Heimat, erkennen wir sie sofort als »uralte Freunde« wieder und sind nie allein. Sorge dich also nicht, dass ein lieber Verstorbener allein in der geistigen Welt ist, diese Sorge ist unbegründet. Es gibt unzählige Verwandte und Bekannte, die wir dort wiedertreffen und erkennen. Immer wieder werde ich dann gefragt, wie man denn die Seelen wiederfindet, die vorausgegangen sind, da ja alle am selben Ort sind und die geistige Welt bestimmt sehr, sehr groß ist. Eher ist es so, dass die Vorausgegangenen uns finden, sie wissen, wann ein Leben hier auf der Erde zu Ende geht. Auch wenn das durch einen Unfall oder Mord geschieht, die Verstorbenen in der geistigen Welt wissen es und finden uns. Später werde ich beschreiben, warum sie das wissen. Wir müssen erkennen, dass wir mit allen, die wir lieben, energetisch verbunden sind und mit allen, die zu unserer Familie gehören. Durch diese Verbindung finden wir uns in der geistigen Welt wieder, ohne dass wir suchen müssen.

Beispiel

Als Nächstes kommt dann die Frage auf, ob wir nur mit denen wieder zusammenkommen, die wir lieben, oder mit allen, etwa auch mit denen, die wir nie wieder treffen wollten. Ich erinnere mich noch gut an einen

Vortrag, als ich das erzählte, streckte eine Frau wie wild während des Vortrags ihre Hand hoch. Ich fragte: »Hast du eine Frage oder wolltest du mir einfach mal zuwinken?« Achthundert andere Besucher lachten. »Nein, ich habe eine Frage: Heißt das, ich treffe auch meinen Exmann wieder? Ich will den Typ nämlich nie mehr sehen. Der ist so ein A…!«

»Hm ja, wenn da viele negative Emotionen sind, dann wirst du ihn wahrscheinlich wiedersehen. Wir treffen dort auch auf alle, mit denen die Dinge im Leben nicht geklärt wurden.«

»Ich will nichts klären, der soll dorthin, wo der Pfeffer wächst, oder zum Teufel persönlich.«

»Jetzt bin ich mir sicher, dass du ihn wiedersehen wirst!« Wieder lachten alle, doch ich merkte sehr schnell, dass die Frau es nicht witzig fand, und erklärte: »Schau, wahrscheinlich wirst du ihn wiedersehen. Er wird dich in der geistigen Welt jedoch nicht mehr verletzen können, er kann nicht mehr lügen, er hat seinen Lernprozess schon bekommen durch die Rückschau seines Lebensfilms. Er hat erkannt, was er falsch gemacht hat, und du wirst es genauso erkennen bei deiner Rückschau, warum du auf diesen Mann getroffen bist, und wirst vielleicht auch deine Fehler erkennen. Daher werden das Aufeinandertreffen und die Klärung sicher leicht. Jeder kennt die absolute Wahrheit, jeder weiß, wie sich der andere gefühlt hat, und eine Klärung wird sehr, sehr leicht sein. Mach dir keine Sorgen, die geistige Welt ist Liebe. Du wirst umgeben sein von dieser Liebe, hast deine Geistführer und Engel an deiner Seite und es wird alles gut.« Sie sah mich skeptisch an und meinte: »Okay, ich vertraue dir. Aber wenn es nicht so ist, dann finde ich dich und beschwere mich bei dir.« Wir lachten.

Ich weiß, ich werde sie wiedersehen, aber ich habe keine Angst, dass sie sich beschweren wird. Da ich einfach sicher bin, dass auch unmögliche Beziehungen, die wir hier auf der Erde hatten, in der geistigen Welt leicht in Liebe Heilung finden.

Wann löst sich die Seele vom Körper?

Beerdigung

Wann verlässt die Seele den Körper? Welche Beerdigungsform ist die richtige? Diese Fragen tauchen wohl bei fast jedem auf, der jemanden verloren hat. Ob und wie wir jemanden beerdigen, spielt absolut keine Rolle. Je nach Religion und Glaube wird Erdbestattung bevorzugt oder Feuerbestattung. Für den Verstorbenen beziehungsweise für die Seele kann man nicht sagen, das eine ist besser als das andere. Trotzdem schrecken viele vor der Kremierung zurück, weil sie Angst haben, die Seele könnte dadurch Schaden erleiden. In etlichen Religionen sagt man, man solle mindestens drei Tage warten, bis man den Verstorbenen beerdigt, weil die Seele drei Tage braucht, um sich vom Körper zu lösen. Das spielt eigentlich keine Rolle. Die Seele ist reine Energie und Energie ist nicht zerstörbar.

Nur, woher kommt dieser Mythos? Egal wie jemand stirbt, ob es eine Krankheit ist, Unfall, Mord oder Selbstmord, die Seele weiß immer drei Tage vorher, dass sie gehen wird, und bereits da beginnt der Ablösungsprozess. Also, wenn der Mensch dann stirbt, stirbt er, weil sich genau zu dem Zeitpunkt die Seele komplett gelöst hat, weil der Ablösungsprozess der Seele vom Körper in dem Moment beendet wurde.

Bei kranken Menschen kann man oft beobachten, dass es dem Körper zwei bis drei Tage vor ihrem Tod plötzlich wieder kurz besser geht und man als Angehöriger schon glaubt, dass es jetzt mit dem Patienten, der im Sterben lag, bergauf geht. Aber das kommt oft vom sogenannten Ablösungsprozess. Ich nenne das den Energieschub. Wenn die Seele sich vom Körper löst, wird noch einmal sehr viel Lebensenergie freigesetzt. In dem Moment kann auch eine Aura sehr hell leuchten und man hat wirklich das Gefühl, jetzt geht es bergauf. Leider ist das aber nur der Moment, in dem die Seele beginnt, sich vom Körper zu lösen; meist tritt dann der Tod in den nächsten zwei bis drei Tagen ein.

Diese Ablösung findet nicht nur bei Krankheit statt, sondern auch bei einem Unfall, Mord oder Selbstmord, daher kann man fast sagen, dass circa drei Tage vorher der Tod eines Menschen, egal wie er vonstatten geht, vorherbestimmt ist. Viele Klienten, die jemanden verloren haben durch einen schnellen Tod, berichteten mir, dass eigenartigerweise die Person, die drei Tage später starb, noch vieles in Ordnung brachte oder sich ungewöhnlich gemeldet oder verabschiedet hat. Ich denke, einige spüren vorher unbewusst, dass ihr Tag gekommen ist, um wieder zurück in ihre Heimat ins Jenseits zu gehen. Da diese Ablösung schon drei Tage vor dem Tod beginnt, hat sich zum Zeitpunkt des eigentlichen Todes des Körpers die Seele bereits komplett gelöst.

Daher spielt es keine Rolle, wie du jemanden beerdigst. Gestalte es, wie es sich nach deinem Glauben, Religion oder nach dem Wunsch des Verstorbenen richtig anfühlt. Der Mythos, drei Tage zu warten, ist jedoch in vielen Menschen verankert und ich war neugierig, woher er kam. Ich habe einiges dazu gelesen und möchte es dir hier erklären. Sorry, es wird ein bisschen makaber. Früher hat man fast in jeder Religion, wenn jemand starb, die Menschen sofort beerdigt. Warum? Weil man früher den Leichnam nicht kühlen konnte und dann begann er sehr schnell stark zu riechen. Außerdem hat man so auch die Übertragung von Krankheiten verhindert. Als man nach einer gewissen Zeit die Gräber wieder öffnete oder Umgrabungen auf dem Friedhof stattfanden, wurde dann öfter mal festgestellt, dass man einige beerdigt hatte, obwohl sie eigentlich noch lebten und die dann im Sarg erstickt sind. Damals war die Medizin noch nicht so weit zu unterscheiden, ob jemand sehr stark komatös war oder tot. So hat man viele beerdigt, die eigentlich nur im Koma lagen.

Natürlich konnte man das nicht offen sagen und so kam die Idee mit den drei Tagen auf. Man hat dann auf jedem Grab eine Glocke montiert, mit einer Schnur, die durch ein Loch in den Sarg ging. So konnte der Verstorbene, falls er doch nicht tot war, klingeln, sobald er wach wurde. Leider stellte sich das auch nicht als ideale Lösung heraus, denn wenn jemand in der Nacht wach und nicht schnell genug wieder ausgegraben wurde, reichte oft die

Luft im Sarg nicht und er erstickte trotzdem. So kam man auf die Idee der Aufbahrung, und dass man drei Tage warten müsse. Dann konnte man sich sicher sein, dass der Verstorbene wirklich tot war. Da man das aber nicht so offen sagen konnte, erfand man die Erklärung, dass die Seele drei Tage braucht, um sich vom Körper abzulösen. Heute muss keiner mehr Angst haben, heute ist die Medizin viel weiter und keiner wird ohne ärztliche Bescheinigung für tot erklärt. Vor allem, wie schon gesagt, ist die Seele unzerstörbar.

Wie man die Beerdigung gestaltet und in welcher Form, wie das Grab ist und so weiter, da ist jeder frei. Ich persönlich finde eine Beerdigung wichtig für die Hinterbliebenen. Es ist ein gutes Ritual, mit dem Tod einer Person abzuschließen. Sie kann sehr hilfreich für die Trauerverarbeitung sein. Für den Verstorbenen selbst ist sie nicht so wichtig, obschon alle Verstorbenen zu ihrer Beerdigung kommen. Allerdings mehr aus Neugier, wer denn so alles zum Abschiednehmen kommt. Ich denke, die Beerdigung sollte nach den Wünschen des Verstorbenen und nach seiner Religion gemacht werden, mit bestem Wissen und Gewissen, wie man denkt, dass es für ihn stimmig wäre. Am idealsten ist es sicher, wenn man mit seinen Liebsten – auch mit jungen Menschen – einmal darüber spricht, solange sie noch leben. Das kann viele offene Fragen klären. Leider kommt es sehr oft vor, dass auch in jungen Jahren gestorben wird und man ist dankbar, wenn man solche Dinge vorher geklärt hat. Aber denke daran, egal wo die Überreste liegen, die Seele ist nicht auf dem Friedhof oder an dem Ort der Beerdigung, die Seele ist dort, wo an sie gedacht wird und wo die Liebsten sind. Kein Verstorbener wartet bei seinem Grabstein, bis er endlich mal wieder besucht wird. Er ist dort, wo man an ihn denkt und wo er geliebt wird.

Koma

Ich werde diesen Teil sehr kurz halten, da es nicht ganz zum Thema passt. Oft werde ich gefragt, ob ich auch mit Koma-Patienten kommunizieren kann und ob ein Koma-Patient noch lebt oder schon halb im Jenseits ist. Jeder Fall ist anders, aber was man sagen kann, halb im Jenseits ist niemand, entweder er lebt noch oder nicht. Wird jemand über einen langen Zeitraum nur noch durch die Maschinen am Leben beziehungsweise der Körper am Leben erhalten, ist die Chance sehr groß, dass er eigentlich bereits tot, also die Seele bereits in der geistigen Welt ist. Würde man die Maschinen abstellen, würde der Körper seine Funktionen einstellen. In solchen Fällen hält man einfach den Körper noch am Leben, die Seele ist jedoch bereits in der geistigen Welt und nicht mehr im Körper gefangen. In so einem Fall wäre es für mich möglich, mit der Seele in Kontakt zu treten.

Aber nicht bei jedem, der im Koma liegt, wird der Körper durch Maschinen am Leben erhalten. In diesen

Fällen ist die Seele noch mit dem Körper verbunden und ein Jenseitskontakt dadurch natürlich unmöglich. Ähnlich ist es nach Unfällen oder Operationen, wenn die Maschinen dem Körper helfen, damit er sich von den Verletzungen erholen kann. Da ist die Seele natürlich noch mit dem Körper verbunden. Wie gesagt, es ist komplex und man muss es sich von Fall zu Fall anschauen.

Für die Seele ist es kein Problem, wenn der Körper noch am »Leben« erhalten wird, auch wenn sie bereits in der geistigen Welt ist. Sie wird nicht zurückgehalten. Man sollte sich in so einem Fall immer fragen – und da kann nur der Arzt weiterhelfen –, inwiefern dieser Patient, wenn er wieder zurückkäme, gesund leben könnte. Ich habe meiner Familie gesagt, sollte mich einmal dieses Schicksal ereilen, möchte ich nur am Leben erhalten werden, wenn es die Chance gibt, dass ich danach noch ein gesundes Leben weiterführen könnte. Ansonsten sollen sie loslassen. Ich persönlich möchte nicht mein Leben lang gefangen sein und nichts mehr oder kaum noch etwas vom Leben mitbekommen. Doch das soll/muss jeder für sich entscheiden. Ich appelliere immer an meine Leser und Eventbesucher, das mit der Familie vorher zu klären, damit die Angehörigen wissen, wie man in solch einem schlimmen Fall reagieren soll. Denn die Überforderung für die Angehörigen ist enorm, weil man je nach dem über Leben oder Tod entscheiden muss. Deswegen überlege dir vorher, wie es für dich stimmig wäre. Ich hoffe aber, dass keiner in solch eine Situation gerät.

Organspende

Auch das nächste Thema ist sehr schwierig und die Meinungen können weit auseinandergehen. Ich berichte hier nur, was mir Verstorbene dazu gesagt haben. Die Entscheidung liegt aber bei jedem selbst. Kurz gesagt, für die Verstorbenen ist es kein Problem. Sie freuen sich sogar, wenn jemand dank ihren Organen weiterleben darf. Ich habe ein paar gefragt, ob sie Schmerzen hatten bei der Entnahme, weil man das öfter hört oder liest. Aber alle haben nichts davon gespürt, es war für sie kein Problem. Ein Mann aus der geistigen Welt hat mir sogar gesagt: »Schau, ich war tot, was sollte ich noch mit meinen Organen machen, die brauche ich hier nicht mehr. Wäre ich noch mal ins Leben zurückgekommen, dann wäre ich geistig so stark beeinträchtigt gewesen, dass ich nur noch sabbernd im Bett hätte liegen können. Das wäre kein Leben, ich habe mein Leben geliebt. Ich bin dankbar, dass man so entschieden hat.« Diese Worte haben mich damals sehr berührt und ich sehe es sehr ähnlich. Ich denke, das sollte man vielleicht ab und an im Hinterkopf haben. Doch wie jemand entscheidet, darüber kann und möchte ich nicht urteilen. Ich für meinen Teil bin kein Gegner von Organtransplantation, weil es für die Verstorbenen kein Problem ist.

Eine andere Geschichte ist es, das einige meinen: »Man sagt, dass die Energie vom Verstorbenen noch in den Organen steckt und es dadurch zu starken Persönlichkeitsveränderungen kommt. Wie siehst du das?« Darauf kann ich nicht wirklich eine Antwort geben. Ich habe mich zwar sehr lange mit einer Ärztin darüber unterhalten und sie bestätigte, dass es bei einigen wenigen Patienten zu diesen Veränderungen kommt. Aber lange nicht bei allen. Es scheint nur ein kleiner Teil betroffen zu sein. Trotz vieler Gedanken dazu, kann ich es nicht abschließend beurteilen, sondern hier nur meine Sicht niederschreiben.

Ja, sicher haben die Organe noch die Energie des Verstorbenen, doch schon nach ein paar Tagen, Wochen ist diese Energie an den neuen Körper angepasst, weil sich die Energie verändert. Dass es zu Persönlichkeitsveränderungen kommt, hat für mich einen psychologischen Hintergrund und keinen energetischen. Wenn einem Patienten, der neue Organe bekam, zum Beispiel bewusst wird, dass er nur noch leben kann, weil jemand anderes gestorben ist. Dass er gestorben wäre, wenn diese Person nicht die Organe gespendet hätte. Ich denke, das kann rein logisch betrachtet für viele Menschen je nach Typ eine ziemliche psychische Belastung sein und die Veränderungen rühren daher. Ich bin fast davon überzeugt, dass es keinen energetischen Hintergrund hat, sondern die Ursache in der Psyche zu suchen ist. Doch wie gesagt, das ist meine persönliche Sicht und die muss nicht richtig sein. Außerdem denke ich, dass die starken Medikamente, die ein Patient einnehmen muss, sicherlich ebenfalls Auswirkungen auf die Psyche haben.

Ich habe dieses Thema möglichst neutral und aus der Sicht der Verstorbenen betrachtet. Aber die Entscheidung muss jeder selbst treffen. Ich kann sie nur für mich treffen und da sehe ich kein Problem. Besprich diesen Punkt auch mit deiner Familie, es ist ein wichtiges Thema. Solltest du die Organe von einem geliebten Menschen freigegeben haben und dich plagen vielleicht Schuldgefühle deshalb, denke daran, aus der Sicht des Verstorbenen ist es absolut in Ordnung. Er braucht die Organe nicht mehr. Für ihn ist der Körper wie ein alter Pullover, den man abstreift und weitergibt, weil man ihn nicht mehr braucht, dem weint niemand nach. Man freut sich höchstens, dass er jetzt jemanden Neues wärmt.

Wie kommuniziere ich mit Verstorbenen?

Das ist nicht so leicht zu erklären, trotzdem versuche ich, dieses Kapitel so einfach wie möglich zu halten. Wenn ich immer wieder sage: »Er oder Sie hat mir gesagt …«, findet die Kommunikation nicht über die Stimme oder das Hören statt. Ich höre die Verstorbenen nicht so, wie ich lebende Menschen höre. Es ist eher ein Bild und eine Gefühlssprache. Bei mir sind zurzeit vor allem das Hellsehen, Hellfühlen und Hellwissen sehr stark ausgeprägt. Es gibt sechs Hellsinne: Hellsehen, Hellfühlen, Hellriechen, Hellschmecken, Hellhören, Hellwissen. Diese Sinne hier genauer beschreiben möchte ich nicht, da dies kein Buch mit Anleitung ist, wie man seine Hellsinne aktiviert. Es geht mir viel mehr darum, einen Begleiter für die Trauer zu schreiben, sodass du mit dem Verlust eines geliebten Menschen besser umgehen kannst. Und um dir möglichst zu zeigen, dass es ein Leben nach dem Tod gibt.

Kurz möchte ich dir nur erklären, dass, wenn ich sage, er oder sie sagt, ich ihn nicht höre. Es ist keine Eins-zu-eins-Kommunikation, sondern ich erhalte die Antwort über Bilder und Gefühle, über eine Art Bildsprache, die ich dann für den Klienten übersetze. Das ist mir aber nur dann möglich, wenn ich die Bilder und Gefühle kenne und sie schon öfters hatte. Es ist so ähnlich, als ob man aus einer Fremdsprache übersetzt. Alles, was man sehr gut kann, wenn man die Worte kennt, ist leicht zu übersetzen. Sind Worte darin, die man nicht kennt, dann kann man den Satz umschreiben, sodass man die Bedeutung versteht. Sind allerdings viele Worte darin, die man nicht kennt, dann ist es kaum möglich, das Gesagte genau zu übersetzen. Ich zeige es dir im Folgenden an einem Beispiel aus einer Sitzung, damit du verstehst, wie die Sprache funktioniert und warum es wichtig ist, dass der Klient aktiv mitmacht und versucht, das Gesagte zu verstehen. Hast du schon Demonstrationen von mir gesehen oder eine TV-Sendung mit Demonstrationen, wirst du immer wieder feststellen, dass ich den Klienten frage, ob er das, was ich sage, auch verstehen kann, denn nur so kann ich sicher sein, dass ich die Sprache richtig übersetzt habe.

Beispiel

Ich hatte eine Sitzung mit einer Dame, die mit ihrem Vater in Kontakt treten wollte. Am Anfang war die Sitzung für mich sehr klassisch. Er übermittelte mir Details aus seinem Leben und Beschreibungen, sodass die Tochter begriff, dass es ihr Vater war. Als ich ihn dann in Gedanken fragte, woran er gestorben sei, sah ich einen Überfall und sagte: »Er muss bei einem Raubüberfall gestorben sein.« Die Tochter bestätigte das. Ich wollte es genauer wissen und fragte nach.

Dann sah ich auf einmal nur schwarz vor mir. Spürte einen Druck, als wenn etwas meinen Hals zuschnürte, wusste aber, dass ich nicht erwürgt werde, und fühlte dumpfe Schläge auf meinem Kopf. Dann fühlte ich eine Wärme und konnte bald darauf nicht mehr atmen. Ich verstand die Bilder und Gefühle aber überhaupt nicht und konnte mir auch keinen Reim darauf machen, was da geschehen war. Ich fragte ihn noch einmal, ich bat ihn, mir das Ganze anders zu zeigen. Doch es kamen immer dieselben Bilder und Gefühle. So gab ich einfach genau das weiter und meinte aber, dass es für mich überhaupt keinen Sinn ergab. Die Tochter begann zu weinen: »Genau so war es aber. Das Dunkle, was du sahst, vermute ich, ist eine schwarze Mülltüte, die man ihm über den Kopf zog. Der Druck am Hals, man klebte diese mit Klebestreifen am Hals zu, und dann schlug man ihm auf den Kopf. Das war wohl das dumpfe Gefühl, das du hattest. Die Wärme war das Blut, das sich im Müllbeutel sammelte und nicht abfließen konnte, weil man sie unten am Hals zugeklebt hatte. Er ist dann an seinem eigenen Blut erstickt.«

Diese Sitzung ist mir in Erinnerung geblieben, weil die Art und Weise der Tötung sehr grausam war. Verzeih mir einfach, dass ich dieses Beispiel genommen habe. Aber es zeigt sehr gut, wie die Sprache funktioniert. Ich hätte es ohne die Hilfe der Klientin nie übersetzen können, weil ich – zum Glück – in allen meinen anderen Sitzungen bis heute, und das waren wirklich sehr viele, so etwas noch nie erlebt oder wieder erlebt habe. Daher kann ich diese »Worte« nicht lernen. Wenn eine Todesursache sehr häufig ist und man sie schon etliche Male demonstriert hat, dann ist es leicht, sie genau zu erkennen. Inzwischen weiß ich einfach, wie sich Krebs anfühlt, ein Herzinfarkt oder Ähnliches. Eben weil ich dieselbe Wahrnehmung schon hatte, umso leichter ist es dann für mich, diese zu übersetzen. Die Bilder, die ich erhalte, sind selten im Außen, also real vor mir, es sind meistens innere Bilder. Gedankenbilder, so als wenn du zum Beispiel an deinen letzten Urlaub denkst. Dabei hast du auch innere Gedankenbilder.

Trete ich mit einem Verstorbenen in Kontakt, dann sehe ich auf einmal Erinnerungen in mir hochsteigen. Doch da ich sie nicht erlebt habe, weiß ich, dass sie vom Verstorbenen kommen müssen. Da ich nicht dabei war, als der Verstorbene sie erlebt hat, muss ich sie übersetzen und interpretieren. Das ist nicht immer so leicht, wie ich bereits im Beispiel gezeigt habe. Zum Beispiel sehe ich ein Fest, da gab es Geschenke und viele Menschen feiern. Dann weiß ich, es muss ein Familienfest mit Geschenken sein, wohl Geburtstag oder Weihnachten, aber ich kann es nur auseinanderhalten, wenn ich noch mehr Details erkennen kann. Zum Beispiel einen Weihnachtsbaum, dann weiß ich, es war Weihnachten, oder Kuchen mit Kerzen, dann weiß ich, es war ein Geburtstag. Dabei weiß ich aber immer noch nicht, wessen Geburtstag. Da die Bilder und Gefühle enorm schnell auftauchen, meist nicht so klar sind wie eigene Erinnerungen, sondern eher Bruchstücke und kurze Ausschnitte, ist es oft nicht so leicht, wie man sich das vorstellt.

Wenn ich nach einem Event noch Bücher signiere oder mich Menschen auf der Straße erkennen, kommen sie oft an und meinen: »Ich hätte kurz eine Frage an meinen verstorbenen Vater. Könntest du ihn nicht mal schnell fragen, wie er dies oder jenes gemeint hat?« Doch genau dieses schnelle Fragen geht nicht. Ich muss zuerst mal den Verstorbenen wahrnehmen, dann in seine Frequenz kommen und erkennen, ob die Kommunikation überhaupt möglich ist. Jeder Verstorbene hat seine eigene Art der Kommunikation. Es ist, als ob ich beim Radio den Sender suchen muss und ihn dann so genau einstelle, dass das Signal klar und deutlich herüberkommt – das geht einfach nicht so schnell. Das benötigt viel Konzentration und auch Zeit.

Dazu kommt, dass es nicht immer möglich ist, mit jedem Verstorbenen in Kontakt zu treten. Manchmal stimmt einfach die Chemie zwischen Verstorbenem und Medium nicht oder das Medium hat einen schlechten Tag, was sehr menschlich ist. Dann ist eine Kommunikation sehr schwer oder kaum möglich. Ich habe noch nie erlebt, dass ein Verstorbener nicht da war oder nicht kommunizieren wollte. Immer wenn es nicht funktionierte, war ich nicht im Gleichgewicht oder einfach nicht fit genug. Das gibt es und ist auch normal, weil ich auch nur ein Mensch bin. Ich weiß jedoch, dass es einige Kollegen gibt, die dann dem Klienten sagen: »Deine Tochter möchte nicht mit dir kommunizieren.« Das ist grauenhaft, weil es so nicht stimmt. Aber einige können einfach nicht ehrlich sein und dem Klienten sagen: »Es tut mir leid, mir ist es nicht möglich, ich bin heute nicht fit genug oder ich komme nicht in die nötige Frequenz. Deine Tochter ist zwar da, aber es klappt heute nicht.« Lieber schieben sie die Schuld auf den Verstorbenen. Psychologisch betrachtet ist diese Schuldverschiebung jedoch extrem schlecht für einen Angehörigen, der in Trauer ist. Sie kann ihn total aus dem Gleichgewicht bringen.

Es gibt nur zwei Gründe, warum ein Kontakt von der geistigen Welt aus verhindert wird, und das ist, wenn jemand gerade erst gestorben ist oder wenn ein Klient noch zu sehr trauert. Also meist, wenn die erste Trauerphase noch nicht abgeschlossen ist. Dann ist der Klient je nach Fall noch in einer so tiefen Trauerphase, dass alle kommenden Informationen nicht verstanden werden oder er einfach andere Wünsche hat. Deswegen sagt man, man solle mindestens sechs Monate warten, bis man einen Termin bei einem Medium abmacht.

Beispiel

Hier dazu ein Erlebnis, das mit einer Trauerphase zusammenhängt und auch mit der Kommunikation. Ich hatte einen Termin mit einer Frau und als ich sie im

Wartezimmer abholte, sah ich ein Mädchen in der geistigen Welt, das mir ein Stoppschild zeigte, wie du es von der Straße kennst. Ich war irritiert, weil ich sie sah, obwohl ich mich noch nicht wirklich auf die geistige Welt eingeschwungen hatte. Das Mädchen schüttelte den Kopf und gab mir dadurch zu verstehen, es will nicht, dass diese Sitzung stattfindet. Ich war total irritiert, weil mir so etwas noch nie passierte. Ich fragte warum. Sie zeigte mir die Mutter, die Frau, die bei mir war, viele Medikamente und dass sie alle auf einmal nahm, wenn ich mit ihr reden würde. Dann zeigte sie mir Bilder, wie die Mutter bei anderen Medien war und sich das Mädchen symbolisch immer versteckt hatte, damit das Medium keinen Kontakt herstellen konnte. Jetzt verstand ich, was das Mädchen mir aus der geistigen Welt mitteilen wollte, und bat die Frau, Platz zu nehmen. Ich fragte: »Ist es richtig, dass du schon bei anderen Medien warst und Kontakt zu deiner verstorbenen Tochter wolltest?«

»Ja, das ist so!«

»Aber deine Tochter ist nicht in Erscheinung getreten, habe ich recht?«

»Ja, sie kam nie, du bist meine letzte Hoffnung. Alle sagten mir, meine Tochter will nicht mit mir kommunizieren. Ich verstehe das nicht, wir hatten es doch gut.«

»Deine Tochter ist hier, aber sie will nicht mit dir reden, weil sie dich liebt. Deswegen hat sie mit den anderen Medien auch nicht kommuniziert. Nicht, weil sie das nicht will, sondern sie tut es nicht, weil sie dich liebt. Sie hat mir gezeigt, dass, wenn ich dir die Sicherheit gebe, dass sie noch da ist und es ein Leben nach dem Tod gibt, du dann vorhast, dir das Leben zu nehmen, damit du wieder bei ihr sein kannst. Doch sie liebt dich so sehr, dass sie keinen Kontakt mit dir möchte, weil sie möchte, dass ihre Mutter lebt. Sie möchte, dass du wieder lachst.« Die Mutter schaute mich erschüttert an und meinte: »Woher weißt du, dass ich mir das Leben nehmen will? Das habe ich wirklich vor, wenn es den Beweis gibt, dass meine Tochter dann wieder bei mir ist.«

»Deswegen kann auch ich dir keine Sitzung geben. Deine Tochter und ich wollen, dass du lebst. Ich helfe dir, einen guten Psychologen zu finden, der dich zurück ins Leben führt. Sobald du neuen Lebensmut gefunden hast, kommst du wieder und wir schauen, was deine Tochter dir sagen möchte. Sie wird jetzt nicht mit dir sprechen, weil sie will, dass du lebst!«

Diese Begegnung ist sechs Jahre her, aber ich denke noch öfter daran. Sie zeigte mir, dass, wenn sich ein Verstorbener nicht zeigt, es einen Grund gibt. Manchmal ziehen sich die Verstorbenen eben zurück, wenn sich der Klient zu sehr abhängig macht und seinen Lebensmut nicht wiederfindet. Aber nicht, weil sie böse sind, sondern weil jeder Verstorbener sich einfach wünscht, dass die Hinterbliebenen wieder beginnen zu leben, zu lachen und trotz des schlimmen Schicksals weiterzuleben.

Die Geschichte ging gut aus. Nach einem halben Jahr in Betreuung eines wunderbaren Psychologen hatte die Mutter die Lebensfreude wiedergefunden. Sie besuchte die Sitzung bei mir und die Tochter kam ganz normal und war so unglaublich stolz auf ihre Mutter.

Ich hoffe, dass dir dieses Kapitel half, besser zu verstehen, wie ich als Medium die geistige Welt wahrnehme. Natürlich nimmt jedes Medium sie anders wahr.

Lasst die Toten ruhen!

Diesen Satz höre ich immer mal wieder. Ich verstehe ihn als Medium nicht, weil ich genau weiß, dass ich die Toten nicht hole, sondern dass sie zu mir kommen und mit mir in Kontakt treten möchten. Es klappt nicht, Verstorbene zur Kommunikation zu zwingen oder zu holen. Ich werde oft mit Sätzen oder Zitaten aus der Bibel konfrontiert, dass dort deutlich steht, dass man nicht mit toten Menschen sprechen oder den Dienst eines Hellsehers in Anspruch nehmen darf. Spannend war für mich aber, dass oft Priester zu mir in die Beratungen kamen, insofern sehe ich einen krassen Widerspruch. Wenn es wirklich etwas Schlimmes wäre und nicht mit dem Glauben zu vereinbaren, dann würde doch kein Priester kommen oder Gott hätte den Menschen nicht die Fähigkeit gegeben, mit Verstorbenen in Kontakt zu treten.

Vielleicht haben sie die Bibel anders verstanden? Ich weiß, dass viele gläubige Menschen aus Angst vor einer Bestrafung nicht den Trost oder die Heilung bei einem Medium suchen, oder wenn sie doch zu einem Medium gehen, das Gefühl haben, eine Sünde zu begehen. Ich respektiere jede Meinung und jeden Glauben, und wenn jemand nicht an das Leben nach dem Tod glauben möchte, ist das seine Sache. Spätestens wenn er stirbt, wird er herausfinden, dass es wirklich ein Leben nach dem Tod gibt. Für mich ist es in Ordnung, wenn es Menschen gibt, die mit meiner Arbeit nichts anfangen können oder nicht an übersinnliche Fähigkeiten glauben. Ich glaube ja schließlich auch nicht alles, was mir erzählt wird. Dennoch macht es mich traurig, wenn jemand aus Angst vor einer möglichen Strafe Gottes den Dienst eines Mediums nicht in Anspruch nimmt. Oder wenn ich als Medium mal wieder von Gläubigen darauf aufmerksam gemacht werde, dass ich mit dem Teufel im Bund stehe. Jeder, der mich kennt, weiß, dass ich eine sehr große Achtung vor Gott habe. Was wäre das auch für ein Gott, der jemanden bestraft, der den Menschen hilft. Ich kenne die Bibel, beschäftige mich mit dem Koran und der Bhagavadgita, und möchte dir mit diesem Kapitel die Angst nehmen.

Meiner Meinung nach steht nirgendwo in der Bibel, dass man nicht mit den Toten in Kontakt treten darf und dass »Hellsehen« oder die Kommunikation mit dem Jenseits eine Gabe des Teufels ist. Noch einmal sehr deutlich gesagt, ich stelle mich in keinster Weise auf eine Stufe mit unseren Propheten wie zum Beispiel Jesus, David, Mohammed, Josef, Mose, Samuel, Hosea, Hesekiel, Micha, Buddha und andere. Das waren spirituell gesehen sehr hoch entwickelte Menschen, die bestimmt nicht mit den Medien unserer Zeit zu vergleichen sind, obwohl alle auch Botschaften aus einer anderen Dimension empfangen haben. Alle standen in Kontakt mit Verstorbenen und mit Engeln. Warum sollte es daher bei uns eine Sünde sein und bei unseren großen Propheten nicht? Hätten sie es getan, wenn es Sünde wäre? Weil sie viel weiter waren als wir? Jeder soll sich in diesem Kapitel seine eigenen Gedanken machen.

Betrachten wir zuerst einmal die Bibel genauer. Dazu möchte ich eins klarstellen: In der Heiligen Schrift wird sehr viel von ›dem Tod‹ und ›den Toten‹ gesprochen, aber nur an wenigen Stellen in der Bibel ist unter ›Tod‹ auch das irdische Sterben gemeint. Die ›Toten‹ der Bibel sind nicht die aus dem irdischen Leben Geschiedenen. Wenn die Bibel von ›Tod‹ spricht, meint sie nicht die Trennung des Geistes vom Körper, sondern die Trennung des Geistes von Gott. Mit Gott vereint sein und an ihn glauben ist das ›Leben‹. Von Gott getrennt sein ist der ›Tod‹. Diese Lehre zieht sich durch alle Schriften, ob Altes oder Neues Testament. Somit sind die ›Toten‹ also die von Gott Getrennten, die ›geistig Toten‹, egal ob sie nun als Geister im Jenseits sind oder als von Gott abgefallene Menschen auf der Erde leben.

Viele Klienten kommen mit einer Bibelstelle zu mir, daher möchte ich dir zeigen, wie diese Stelle meiner Meinung nach wirklich zu verstehen ist. 5. Mose 18,9–13: »Wenn du in das Land kommst, das dir der HERR, dein Gott, geben wird, so sollst du nicht lernen, die Greuel dieser Völker zu tun, daß nicht jemand unter dir gefunden werde, der seinen Sohn oder seine Tochter durchs Feuer gehen läßt oder Wahrsagerei, Hellseherei, geheime Künste oder Zauberei treibt oder Bannungen oder Geisterbeschwörungen oder Zeichendeuterei vornimmt oder die Toten befragt. Denn wer das tut, der ist dem HERRN ein Greuel, und um solcher Greuel willen vertreibt der HERR, dein Gott, die Völker vor dir. Du aber sollst untadelig sein vor dem HERRN, deinem Gott.« (Alle Bibelzitate aus der Lutherbibel von 1984, © Deutsche Bibel Gesellschaft 1985) Wie schon angedeutet, verstand man unter ›Toten‹ die ›Dämonen‹ oder die von Gott getrennten Geister, die in der Bibel als ›Tote‹ bezeichnet werden. Dass es zu damaliger Zeit viele Kulturen gab, die sich mit sogenannten Dämonen einließen, liegt auf der Hand. Ich glaube aber, dass viele Kulte oder Handlungen einfach nicht verstanden und somit als etwas »Negatives« dargestellt wurden. Andererseits finden wir in der Heiligen Schrift wiederum viele Stellen, in denen Dinge vorausgesagt werden von Propheten, daher wäre es unlogisch, wenn man Weissagungen im Allgemeinen als negativ darstellte. Es wurde unterschieden, wer die Voraussagen macht. Bei 5. Mose 18,9–13 ist es klar, die Warnung galt vor allem, weil es ein neues anderes Land war, mit einem anderen Glauben, und daher konnten dort nur böse Geister leben, also von Gott getrennte Menschen und Wesen. Es ging hier nie um physisch Tote, sondern um den ›geistigen Tod‹.

Betrachten wir noch andere Stellen, bei denen auch keine körperlichen Toten gemeint sein können. Einfach damit wir sehen, dass meistens, wenn in der Bibel von

›tot‹, ›Toten‹ und ›Toter‹ gesprochen wird, Menschen bzw. Geister gemeint sind, die von Gott und seiner heilsamen Ordnung abgefallen sind, also von den ›geistig Toten‹. Fangen wir bei Adam und Eva an, dem Sündenfall im Paradies, der führt auch nicht zu einem physischen Tod, sondern sie erlitten den geistigen Tod. Sie traten auf die Seite der »Schlange«, die sinnbildlich für Satan, also für das Böse steht. Im Paradies sagte Gott zu Adam (1. Mose 2,16b,17): »Du darfst essen von allen Bäumen im Garten, aber von dem Baum der Erkenntnis des Guten und Bösen sollst du nicht essen; denn an dem Tage, da du von ihm issest, mußt du des Todes sterben.« Hier wird ganz deutlich, dass nicht von einem körperlichen Tod gesprochen wird. Warum sollten sich also viele der anderen Bibelstellen nicht auch auf den ›geistigen Tod‹ beziehen?

Hier noch ein paar Beispiele. Lukas 9,60: »Aber Jesus sprach zu ihm: Laß die Toten ihre Toten begraben; du aber geh hin und verkündige das Reich Gottes!« Ich glaube, hier sollte jedem auffallen, dass Jesus die von Gott Getrennten meint und nicht physisch Tote, die ihre physisch Toten begraben sollen. Die von Gott Getrennten sollen ihre physisch Toten begraben, nur dann würde auch die Verkündigung des Reichs Gottes Sinn ergeben. Es könnte natürlich auch heißen, dass sich die geistig Toten um die geistig Toten kümmern sollen, und dass die mit Gott gehen sich nicht aufhalten lassen sollten mit den geistig Toten. Ganz sicher wird hier nicht vom physischen Tod gesprochen.

Beim Gleichnis des verlorenen Sohnes ist es meiner Meinung nach auch sehr klar. Lukas 15,32: »Du solltest aber fröhlich und guten Mutes sein; denn dieser dein Bruder war tot und ist wieder lebendig geworden, er war verloren und ist wiedergefunden.«

Hier noch weitere Stellen. Johannes 5,25: »Wahrlich, ich sage euch: Es kommt die Stunde und ist schon jetzt, daß die Toten hören werden die Stimme des Sohnes Gottes, und die sie hören werden, die werden leben.« Epheser 5,13–14: »Das alles aber wird offenbar, wenn's vom Licht aufgedeckt wird; denn alles, was offenbar wird, das ist Licht. Darum heißt es: Wach auf, der du schläfst, und steh auf von den Toten, so wird dich Christus erleuchten.« Offenbarung 17b,18: »Fürchte dich nicht! Ich bin der Erste und der Letzte und der Lebendige. Ich war tot, und siehe, ich bin lebendig von Ewigkeit zu Ewigkeit und habe die Schlüssel des Todes und der Hölle.«

Aus den Schriften Jakob Lorbers: »Jesus: ›Tot an und für sich ist nur dasjenige, was wohlabsichtlich der Fähigkeit beraubt ist, sich wider Meine Ordnung in seiner bösen Ordnung frei zu bewegen. Und der Tod selbst ist demnach nichts anderes als eine Beharrlichkeit in allem dem, was wider Meine Ordnung ist.‹« Römer 6,16,21–23: »Wißt ihr nicht: wem ihr euch zu Knechten macht, um ihm zu gehorchen, dessen Knechte seid ihr und müßt ihm gehorsam sein, es sei der Sünde zum Tode oder dem Gehorsam zur Gerechtigkeit? Was hattet ihr nun damals für Frucht? Solche, deren ihr euch jetzt schämt; denn das Ende derselben ist der Tod. Nun aber, da ihr von der Sünde frei und Gottes Knechte geworden seid, habt ihr darin eure Frucht, daß ihr heilig werdet; das Ende aber ist das ewige Leben. Denn der Sünde Sold ist der Tod; die Gabe Gottes aber ist das ewige Leben in Christus Jesus, unserm Herrn.« Epheser 2,1: »Auch ihr wart tot durch eure Übertretungen und Sünden!« Jakob Lorber: »Jesus: ›Es werden aber unter den *Verstorbenen* nicht gemeint bloß die von der Welt Abgeschiedenen, sondern vorzüglich auch die noch in der Welt Lebenden, die aber gestorben sind in ihrem Herzen und haben keinen Glauben und keine Liebe und daher wahrhaft tot sind.‹«

So, und noch eine letzte Stelle, die es, glaube ich, sehr schön zeigt: 5. Mose 30,19–20: »Ich nehme Himmel und Erde heute über euch zu Zeugen: Ich habe euch Leben und Tod, Segen und Fluch vorgelegt, damit du das Leben erwählst und am Leben bleibst, du und deine Nachkommen, indem ihr den HERRN, euren Gott, liebt und seiner Stimme gehorcht und ihm anhanget. Denn das bedeutet für dich, daß du lebst und alt wirst und wohnen bleibst in dem Lande, das der HERR deinen Vätern Abraham, Isaak und Jakob geschworen hat, ihnen zu geben.«

Nicht das leibliche Leben und der leibliche Tod sind in der Bibel gemeint, sondern das geistige, das so lange dauert, wie man fest an Gott glaubt, und der geistige Tod, der sofort eintritt, sobald man von Gott ablässt und sich von ihm trennt. Wer das Gebot Gottes bewahrt, der bewahrt sein Leben; wer dagegen das Wort Gottes verachtet, wird sterben.

Ich möchte mit diesem Kapitel niemandem zu nahe treten, ich möchte dir nur die Angst nehmen, dass du vielleicht etwas Sündiges machst. Die Geschichten der Bibel wurden lange nur mündlich weitergegeben. Das Alte Testament ist in hebräischer Schrift niedergeschrieben und in einer Sprache verfasst, die zur Zeit der Übersetzungen nicht mehr gesprochen wurde. Daher schlichen sich mit Sicherheit auch Fehler ein. Dann kommt hinzu, dass die Bibel mehrmals übersetzt wurde. Sicherlich wurden dabei bestimmte Dinge unabsichtlich und später auch viele absichtlich weggelassen. Zum Beispiel das interessante Thema Reinkarnation: Inzwischen ist bekannt, dass die Reinkarnation eigentlich ein Teil des christlichen Glaubens war. Die Schriften des Kirchenlehrers Origines (geb. 185–gest. 254) wurden erwiesenermaßen manipuliert und große Teile davon sogar verbrannt. Darauf möchte ich hier aber nicht weiter eingehen. Ich möchte mit diesem Kapitel nur zeigen, dass du keine Angst vor Gottes Strafe haben musst, da die Bibel in großen Teilen falsch verstanden wird, wenn es um Kontakte mit dem Jenseits geht.

Außerdem hat zum Beispiel auch der Prophet Jesaja, dessen Buch ein Teil des Alten Testaments ist, ca. 700 Jahre vor Jesu Geburt ausführlich eine hellsichtige Voraussage gemacht. In Jesaja 7,14: »Darum wird euch der HERR selbst ein Zeichen geben: Siehe, eine Jungfrau ist schwanger und wird einen Sohn gebären, den wird sie nennen Immanuel.« Im Alten Testament finden wir viele Berichte von Propheten, die sehr erstaunliche Voraussagen gemacht haben. Zum Beispiel über die Geburt von Jesus Christus. Selbst Jesus sprach oft würdigend von den Propheten. Ein Beispiel ist in der Bergpredigt, Matthäus 5,17: »Ihr sollt nicht wähnen, daß ich gekommen bin, das Gesetz oder die Propheten aufzulösen; ich bin nicht gekommen, aufzulösen, sondern zu erfüllen.«

Ebenso findet sich in den buddhistischen Schriften die Prophezeiung eines zukünftigen Buddhas. Selbst der letzte und größte Prophet des Islam stand im Kontakt mit der geistigen Welt. So wurden Mohammed im Alter von 40 Jahren die ersten Offenbarungen Gottes während der Meditation eingegeben, und zwar durch den Erzengel Gabriel. Es folgten 23 Jahre lang weitere Offenbarungen, die den Kern des Islam darstellen. Dazu ein Sprichwort von Mohammed, das klar seine Haltung gegenüber Hellsehern zeigt: »Glaube nicht an Hellseher, verzichte aber auch nicht auf sie.« Nicht alle Propheten, die dann folgten, erschufen neue Religionen, dennoch haben sie mit ihren Werken und Weisheiten viele Menschen inspiriert und werden auch heute noch studiert.

Zum Schluss dieses Kapitels möchte ich noch von einigen bekannten Menschen erzählen, die von der geistigen Welt inspiriert wurden. Sie sind bei Weitem nicht so einflussreich wie zum Bespiel Jesus, Mohammed oder Buddha, auch möchte ich sie in keinster Weise auf dieselbe Stufe stellen. Ein »prophetisches Medium« ist ein Medium, das von der geistigen Welt benutzt wird, um Gottes Botschaft zu verkünden. Das ist aber nur die Aufgabe von sehr wenigen Medien, da kaum jemand so hoch entwickelt ist, dass er diese Aufgabe wirklich erfüllen könnte. Viele Menschen werden jedoch von der geistigen Welt inspiriert, sei es in der Musik, der Forschung, für Weisheiten, Gedichte oder auch für die Weisheitslehre. Ich möchte hier ein paar Namen nennen, bei denen ich der starken Überzeugung bin, dass sie von der geistigen Welt geführt wurden, einige bewusst und andere unbewusst.

Einer der bekanntesten Hellseher ist bestimmt Nostradamus, er wurde 1503 geboren und schrieb 942 prophetische Vierzeiler, die heute immer noch interpretiert werden. Dabei gibt es viele Vierzeiler, die man unmöglich dem »Zufall« zuschreiben kann, auch wenn sie zum Teil wirklich sehr verschlüsselt sind.

Madame Helena Blavatsky wurde 1831 in Russland geboren. Ihre Aussagen und Handlungen sind zum Teil sehr umstritten. Doch sie hat auch vorausgesagt, dass Atome in ständiger Bewegung sind und gespalten werden können und dass sich Materie und Energie ineinander verwandeln lassen. 1891, nach ihrem Tod, bewahrheitete sich ihre Prophezeiung. Sogar Albert Einstein hatte das Buch *Die Geheimlehre* von Madame Blavatsky immer griffbereit auf seinem Schreibtisch. Ich bin davon überzeugt, dass selbst Einstein von der geistigen Welt inspiriert wurde.

Einer, der nicht fehlen darf, ist Edgar Cayce, auch bekannt unter dem Namen »Der schlafende Prophet«. Er wurde 1877 in Hopkinsville, Kentucky, USA, geboren.

Cayce war vor allem als Trancemedium bekannt, die geistige Welt sprach direkt durch seinen Körper. Er war ein sehr gläubiger Mensch, aber unter Trance machte er zum Teil Aussagen, die nicht in seine Religionsauffassung passten, und das irritierte ihn. Außerdem galt er als sehr einfacher bescheidener Mann mit normaler Bildung. Doch unter Trance erstellte er Diagnosen und erklärte komplexe Zusammenhänge, von denen er im Wachbewusstsein nichts verstand. Seine Prognosen waren sehr genau, und er wurde oft getestet. Es lohnt sich, die Bücher von und über Edgar Cayce zu lesen. Er gab ca. 25 000 bis 30 000 Sitzungen, davon wurden rund 14 000 Readings aufgezeichnet. Er machte auch sehr genaue Zukunftsprognosen. Wie alle anderen Hellseher hat er sich immer mal wieder geirrt, aber ich denke, bei so vielen Readings ist es verständlich, dass nicht alle eintrafen oder dass er einigen Menschen nicht helfen konnte.

Ich habe viele Geschichten von Propheten und Hellsehern gelesen und eines haben sie alle gemeinsam, sie waren zum Teil erstaunlich präzise und haben die Welt verändert, dennoch lagen sie mit anderen Prognosen auch manchmal daneben.

Wie sieht die geistige Welt aus?

Ebenfalls so eine Frage, die ich und viele meiner Kollegen immer wieder hören. Oder auch: »Was machen die Verstorbenen dort nach ihrem Tod?« Ehrlich gesagt, ich weiß es nicht genau. Selbst das, was ich bis jetzt gelesen habe, hat mich zum großen Teil nicht überzeugt oder stimmt überhaupt nicht mit dem überein, was ich wahrnehme oder was mir von der geistigen Welt bist jetzt gezeigt wurde, sei es von Verstorbenen oder von Geistführern. Ich habe mir lange überlegt, ob ich überhaupt ein Kapitel über etwas schreiben soll, das ich selbst nicht so klar fassen kann, dennoch möchte ich einfach meine Gedanken mit dir teilen, einigen von euch werden sie vielleicht helfen.

Wir müssen begreifen, dass die geistige Welt keine logische Welt ist, sondern eine für unser Denken unlogische Welt. Zumindest sieht es für unsere Denkweise so aus. Meiner Meinung nach existiert in der geistigen Welt eine absolute Logik, aber wir können sie nicht erfassen. Wir versuchen, sie mit unserem menschlichen Gehirn zu verstehen, die geistige Welt in ein menschliches Konzept zu bringen. Dort gibt es zum Beispiel keinen Raum und keine Zeit, sodass unsere Gedanken immer anfangen, eine »Welt« zu formen. Die Worte, ›keinen Raum und keine Zeit‹, verstehen wir zwar, aber es fällt uns sehr schwer, uns etwas darunter vorzustellen, und das macht es so schwierig. Wahrscheinlich haben deshalb die Medien oder Hellseher so unterschiedliche Wahrnehmungen von der geistigen Welt. Auch erhalten wir daher sicherlich so viele verschiedene Antworten von unseren Geistführern.

Eine der Vorstellungen spricht von verschiedenen Ebenen in der geistigen Welt, zumeist werden sieben genannt. Ich habe so etwas noch nie wahrgenommen und kann mir auch nicht vorstellen, dass es eine Unterteilung gibt. Aus der geistigen Welt hat mir bisher keiner Derartiges erzählt. Schließlich sind, wenn es keinen Raum und keine Zeit gibt, Dimensionen und Ebenen nicht möglich. Vielleicht gibt es Kollegen, die das so wahrnehmen oder die es so weitergeben, weil der Mensch damit etwas anfangen kann und es vom Gehirn besser verstanden wird.

Häufig werde ich gefragt, was macht man in der geistigen Welt, wenn man gestorben ist? Alle Verstorbenen erzählen mir, dass sie von verstorbenen lieben Verwandten oder Bekannten abgeholt wurden. Niemand muss allein in die geistige Welt eintreten. Viele zeigen mir dabei sehr lichtvolle Bilder und liebevolle Gefühle. Ich habe noch nie erlebt, dass mir ein Geistwesen gezeigt oder gesagt hat, dass es ihm im Jenseits nicht gefällt. Sie haben viele Seelen um sich herum, eben jene, die schon früher gestorben sind. Dadurch hat der Tod natürlich auch etwas Schönes, man sieht alte Freunde wieder. Noch nie sah ich ein Geistwesen allein oder dass es in der geistigen

Welt nicht weiterhin von seinem Schutzengel und Geistführer begleitet wird. Viele Verstorbene erzählen mir, dass die Entwicklung im Jenseits weitergeht. Dass sie sich immer noch weiterbilden, natürlich mehr auf eine spirituelle Art.

Aber wie genau die geistige Welt aussieht, ob es dort Häuser gibt und die Verstorbenen einem Beruf nachgehen, wie es gewisse Kollegen von mir geschrieben haben, kann ich nicht bestätigen, kann es aber auch nicht dementieren. Ehrlich gesagt, ergibt es meiner Meinung nach keinen Sinn zu glauben, dass wir im Jenseits noch Häuser haben und arbeiten. Außer dass wir an uns arbeiten, das ist mir klar und das nehme ich auch wahr. Aber ich nehme auch wahr, dass wir nach dem Tod einfach nur Energie sind, und Energie braucht kein Haus oder Kleidung. Für mich ist die geistige Welt eine energetische Welt, alles ist Energie und dadurch wirkt sie sehr farbig. Da alles nur Energie ist, kann man natürlich durch Gedankenkraft auch alles entstehen lassen, eben auch geistige Häuser oder Ähnliches.

Natürlich wird ein Wesen aus der geistigen Welt, das durch ein Medium spricht, dem Medium zeigen, wie es auf der Erde aussah, damit das Medium dem Klienten das Geistwesen genau beschreiben und dieser durch die Beschreibung seinen verstorbenen Freund erkennen kann. Es wäre sinnlos, wenn ich während einer Sitzung sagen würde: »Oh, eine große helle Energie ist da, und sie sagt mir, dass sie Ihre verstorbene Oma ist.« Da macht es die Sitzung um einiges glaubhafter, wenn mir die Oma zeigt, wie sie zu Lebzeiten ausgesehen hat und dadurch der Enkel die Oma klar erkennen kann.

Beispiel

Wenn wir in der geistigen Welt sind, formen unsere Gedanken auch die Jenseitswelt um uns herum. Manchmal zeigen sich daher Verstorbene viel jünger, als sie zum Zeitpunkt ihres Todes waren. Es kommt zwar selten vor, ich habe es jedoch schon erlebt. Einmal, ich war noch in der Ausbildung, gab ich einer anderen Schülerin einen Kontakt. Ich nahm eine Frau wahr und begann sie zu beschreiben: »Ich sehe in der geistigen Welt eine Dame, so um die 45 Jahre alt, sehr gepflegt, und sie legt sehr viel Wert auf ihr Äußeres. Sie ist an Krebs gestorben und hatte durch die Krankheit Deformationen im Gesicht. Sie ist mit dir verwandt und sagt mir, sie sei deine Oma. Kannst du das verstehen?«

Meine Mitschülerin meinte daraufhin, dass sie alles verstehen könne, aber das Alter stimme überhaupt nicht. Ihre Oma sei 89 Jahre alt geworden. Der Rest war verständlich. Ich stand damals noch ziemlich am Anfang meiner Ausbildung und war sehr verwirrt. Dass man sich um einige Jahre im Alter irren kann, das kommt immer wieder mal vor, da ich die Geistwesen hellsichtig sehe und dadurch ihr Alter schätzen muss. Aber eine 45-Jährige konnte sogar ich von einer

89-Jährigen unterscheiden. So bat ich meinen Lehrer um Hilfe. Er sagte: »Ja, deine Oma zeigt sich wirklich im Alter so um die 45 Jahre. Sie war extrem eitel und hatte Probleme mit dem Alter und natürlich auch mit der Entstellung des Gesichts durch den Krebs. Ergibt das Sinn?« Die Mitschülerin lachte: »Ja klar, dass ich nicht schon vorher darauf kam. Meine Oma war nicht nur eitel, sie war die Erfinderin der Eitelkeit! Ihr Aussehen war ihr Ein und Alles. Kein Wunder, dass sie sich viel jünger zeigt. Jetzt erinnere ich mich auch, meine Oma sagte immer, sie sei 45 Jahre, auch als sie schon viel älter war.«

Das war eine gute Lehre für mich. Obschon es sehr selten vorkommt, dass sich jemand jünger zeigt, die meisten Verstorbenen möchten natürlich sofort erkannt werden. Aber dieses Beispiel zeigt, dass wir mit den Gedanken das Aussehen verändern können in der geistigen Welt.

Ich finde es wirklich schwierig, die geistige Welt zu erklären oder auch sie wirklich zu verstehen, da sie für uns Menschen unlogisch ist, eben eine Welt ohne Raum und Zeit. Ich könnte jetzt hier vieles schreiben, etliches würde deine menschliche Logik dann befriedigen, doch es entspräche nicht der Wahrheit. Deswegen lasse ich es einfach. Immer wenn ich einen Verstorbenen wahrnehme, zeigt er sich mir nicht an einem anderen Ort, sondern hier bei uns. Natürlich habe ich in den letzten zehn Jahren immer mal wieder danach gefragt, wie der Ort denn sei, aber alle gaben mir einfach ein unglaubliches Gefühl der Liebe, ich fühlte nur diese krasse Liebe, sah aber keine klaren Bilder.

Als ich meinen Geistführer danach fragte, sagte er: »Du wirst es nie verstehen, bis du selbst dort bist. Denn als Mensch wirst du es nie wahrnehmen können, wie es wirklich ist, dein Gehirn ist zu beschränkt, um jemals die Wahrheit zu erkennen.« Ich glaube, er wollte damit sagen: »Hey lass es, Pascal, um das zu verstehen, bist du viel zu ›dumm‹!« Damit gab ich mich dann zufrieden, für mich ist es geklärt. Es bleibt uns wohl nichts anderes übrig, als zu warten, bis auch wir wieder zurück in unsere Heimat dürfen. Eines weiß ich ganz sicher, die geistige Welt ist eine sehr schöne Welt, in der wir uns alle wohlfühlen können und geborgen sind. Davon bin ich fest überzeugt!

Geistführer und Schutzengel

Ich habe bereits einige Male von meinem Geistführer gesprochen oder allgemein von Geistführern. Deswegen möchte ich denen, die noch nicht wissen, was ich damit meine, kurz erklären, was ein Geistführer ist. Die Leser meines Buches *Entdecke deinen Geistführer*, erschienen 2009, werden feststellen, dass ich die Geistführer heute anders erkläre als damals. Das liegt an zwei Dingen: Erstens habe ich dazugelernt. Zweitens, heute ist die Zeit viel reifer als 2009, damals hätten es viele noch nicht verstanden.

Ich bin immer wieder erstaunt, wie viele Menschen sich für meine Geistführer- und Schutzengel-Seminare anmelden. Diese Seminare sind immer sofort voll. Spannend finde ich auch, dass sehr viele Menschen wirklich davon überzeugt sind, dass es Engel gibt. Auch wenn sie sonst nicht an Außersinnliches glauben, aber Engel sind für sie Wirklichkeit.

Engel und Geistführer sind letztlich nur Energie. Deswegen zeigen sie sich auch in jeder Kultur oder in jedem Glauben ein bisschen anders. Interessant finde ich, dass es keine Religion oder keine Kultur gibt, die nicht an Engel oder ähnliche Wesen glaubt. Das allein sollte doch eigentlich schon Beweis genug sein, dass es unsere Freunde in der geistigen Welt gibt.

Früher unterschied ich noch zwischen Engel und Geistführer, heute ist für mich beides dasselbe. Mich hat immer sehr irritiert, dass einige Engel wahrnahmen, andere Geistführer oder Erzengel, wieder andere Krafttiere, Feen, Zwerge, Einhörner und anderes. Wenn ich es mir anschaute, sah ich oft bei den Menschen entweder oder. Ich fragte mich dann, warum ist das so unterschiedlich und warum habe ich damals in England nie wirklich einen Engel gesehen, nur das, was ich Geistführer nenne? Warum haben Freunde von mir aus Südamerika, die in der indianischen Tradition aufgewachsen sind, keine Engel als Begleiter, sondern Tiere, sogenannte Krafttiere? Warum sehe ich bei Menschen, die an Einhörner glauben, die ich als Fabelwesen einstufe, auch ein Einhorn als Begleiter, wenn diese Menschen Einhorn-Meditationen oder Ähnliches machen? Das fand ich alles sehr verwirrend, inzwischen aber ist es mir völlig verständlich. Im Grunde ist alles dieselbe Energie. Wir werden von Geburt an von einer Energie begleitet, von der Geburt bis zum Tod, oder wenn du an mehrere Leben glaubst, von der ersten Inkarnation bis zur letzten. Während unseres Lebens kommen immer mal wieder neue Energien hinzu, neue Begleiter und einige, wenn sie ihre Aufgabe erfüllt haben, gehen auch wieder.

Eine Energie jedoch bleibt immer bei uns. Diese bezeichne ich als Hauptgeistführer. In England sah ich damals viele mit Geistführern, von Engel-Energien wurde kaum jemand begleitet. Als ich vor elf Jahren in der Schweiz, Österreich und Deutschland an die Öffentlichkeit ging, habe ich den Begriff »Geistführer« erst bekannt gemacht. Vorher gab es in diesen Ländern nur sehr wenige, die ihn je gehört hatten. Anfangs sah ich kaum Geistführer bei den Menschen, sie wurden alle von Engelwesen begleitet. Das verwirrte mich total, wie kann das sein? Ich weiß noch, wie ich in Deutschland auf Tour war und bei fast allen Menschen um mich herum Lichtgestalten gesehen habe, Engelwesen, aber keine Geistführer. Geistführer zeigen sich eher in menschlicher Form, zum Beispiel als Indianer, als Inder, weiser Mann, weise Frau, jemand aus dem ägyptischen Kulturkreis oder Ähnlichem. Sie nehmen Formen von menschlichen Wesen an, die wir als sehr weise bezeichnen würden.

So saß ich in Deutschland mit meinem indianischen Geistführer, den ich *Großer Bär* nenne, und fragte ihn: »Sind die Deutschen sehr spirituell, da sie von lichtvollen Wesen begleitet werden? Du bist ein Indianer und Zoey ist ein junger Typ, der optisch aussieht, als wäre er ein Freund, der noch leben könnte. Warum ist das so? Warum haben die Schweizer, Österreicher, Deutschen diese lichtvollen Begleiter?«

Seine Antworten sind immer sehr trocken und klar: »Weil sie den Sch… glauben. Wir zeigen uns den Menschen so, wie ihr uns annehmen könnt. Bist du christlichen Ursprungs, dann zeigen wir uns als Engel, Maria, Jesus, Elias, Erzengel oder was immer ihr mit eurer Religion verbindet. Bist du Hindu, dann erscheinen wir als Krishna,

Vishnu, Shiva oder ähnlich. Die Indianer glauben nicht an Engel, deswegen ist ihnen auch noch nie ein Engel erschienen, sie glauben an Krafttiere und deswegen nehmen wir bei ihnen die Form von Tieren an. Ja, und wenn jemand unbedingt ein Einhorn sehen will, dann nehmen wir auch diese Form an. Wir sind eigentlich nur Energie, wir wollen mit den Menschen zusammenarbeiten, in welcher Form, ist für uns nicht wichtig. Wir sind einfach Energie, wir zeigen uns so, wie du es annehmen kannst und wie es deinem Glauben entspricht. Deswegen sieht uns auch jedes Medium anders, jeder Mensch. Wir entsprechen immer dem Glauben. Das ist auch der Grund, warum du Zoey als normalen Jungen siehst, als Kind ist das die Erscheinung, die dir am wenigsten Angst macht und einfach dir entspricht. Früher hast du ja auch Engel wahrgenommen, weil das deiner christlichen Erziehung entsprach, dein Umfeld christlich geprägt war und an Engel glaubte. Daher sahst du diese in deinem Umfeld. Dann kamst du zum Spiritismus, dein Wunsch nach einem Hauptgeistführer wurde sehr groß, daher zeigte ich mich dir als Indianer.«

»Im Grunde ist alles dieselbe Energie?«

»Genau!«

»Könnte man denn Hauptgeistführer als Schutzengel bezeichnen?«

»Ja, das könnte man, unsere Aufgabe, die des Hauptgeistführers, ist die, die ihr auch mit dem Schutzengel verbindet. Jeder hat einen Hauptgeistführer oder Schutzengel, nenne es, wie du willst. Es ist dieselbe Energie!«

»Als ich das Buch *Entdecke deinen Geistführer* schrieb, habt ihr mir aber erklärt, es gäbe einen Unterschied zwischen Engeln, Geistführern, Krafttieren, Erzengeln, aufgestiegene Meister und so weiter. Warum, wenn doch scheinbar alles dasselbe ist? Ich verstehe das nicht.«

»Du warst am Anfang, du warst noch nicht so selbstsicher wie heute. Wir wussten, dass du sehr bekannt wirst und deine Bücher enorme Erfolge feiern würden. Damals wäre das nicht gut angekommen, wenn du gesagt hättest, Engel, Geistführer, Feen, Elfen etc. sind alles dasselbe. Die Menschen hätten es nicht verstanden, heute sind wir weiter und wir wagen den Versuch.«

Ich habe es so auch in den letzten zwei Jahren immer wieder in meinen Seminaren erzählt. Das löste sehr heftige Diskussionen aus, einige dachten, ich nehme ihnen die Engel weg, ich behaupte, Engel gäbe es nicht, sondern es gäbe nur Geistführer. Das habe ich nie gesagt. Du siehst Engel, weil sie sich dir so zeigen, ich sehe Geistführer, weil das mehr meinem Glauben entspricht. Wenn ein Mensch an Engel glaubt und ich hellsichtig schaue, wer ihn begleitet, dann sehe ich diesen Engel auch und keinen Geistführer, weil die Energie sich uns wirklich so zeigt, wie sie ist. Mein Sohn ist jetzt fünf Jahre alt, er wächst mit dem Glauben an Geistführer auf und auch mit dem Glauben an Engel. Bei gewissen Dingen mag ich eher den Ausdruck Engel, weil es sich liebevoller anhört und es mit Kindern schöner ist, mit Engeln zu arbeiten.

Lieber Leser, es gibt kein Richtig, es gibt kein Falsch, glaubst du an Schutzengel, dann wisse einfach, immer wenn ich von meinem Hauptgeistführer rede, meine ich genau das. Einfach nur Geistführer oder für dich einfach Engelwesen, die uns zur Zeit begleiten oder uns in einer Situation unterstützen.

Eine Freundschaft mit den Geistführern/Schutzengeln – ich werde ihn in Zukunft nur noch Geistführer nennen, weil ich denke, dass du jetzt verstanden hast, wen ich damit meine – ist sehr wichtig. Wir sollten versuchen, sie täglich wahrzunehmen und nicht nur dann, wenn wir meinen, sie zu brauchen. Noch etwas vorab, obschon ich immer sage, behandelt eure Geistführer wie Kumpels und Freunde, solltet ihr dennoch auch Respekt vor den Geistführern haben, so wie bei einem lebenden Freund. Manchmal, wenn ich etwas lese oder einigen Menschen zuhöre, die mit Geistführern arbeiten, stellen sich mir die Nackenhaare auf. Bei manchen hörte es sich so an, als hätten wir in der geistigen Welt einen »Trottel«, der alles macht, was wir sagen. Den Parkplatz reserviert, die richtige Frau/Mann sucht, schaut, dass genügend Geld ins Haus kommt, einen, der »hol mir«, »bring mir« »und »mach mir« spielt. Das finde ich nicht gut. Ich glaube, keiner würde so einen Freund behandeln.

Natürlich werden uns unsere Geistführer dennoch lieben, denn sie lieben bedingungslos, deswegen sind sie ja Geistführer. Trotzdem sollten wir uns überlegen, worum wir sie bitten. Es zeugt nicht gerade von einem sehr hohen, geschweige denn spirituellen Charakter, wenn wir unsere Führer wie Angestellte behandeln, die auch noch schlecht bezahlt werden. Es hat sich zwar noch nie ein Geistführer bei mir beklagt, aber ich habe es auch noch nie erlebt, dass sich einer bei mir bedankt und gesagt hat: »Sag dem Peter, dass ich es super toll finde, für ihn täglich einen Parkplatz zu reservieren.« Ja, sie lieben uns, sind wir mal ehrlich, sie müssen uns wirklich sehr lieben. Sieh doch nur mal, wie die meisten Menschen mit Gott oder den Geistführern umgehen. Bedanken tun sich die wenigsten, nur wenn etwas wirklich gut läuft, aber beschweren, klagen und vor allem bitten machen sie laufend.

Bitte lieber Gott/Schutzengel, mach dies, schau auf das, warum immer ich. Sie müssen uns wirklich lieben, sonst hätten sie wohl längst ihre Koffer gepackt, die Flügel aufgespannt und wären ab in den Urlaub geflogen. Aber nein, sie bleiben und hören sich unsere Gedanken und Bitten täglich an – in Liebe. Das ist es, was mich dazu bewegt, Respekt vor meinen Führern zu haben.

Ja, auch ich beschwere mich hin und wieder, aber ich versuche, sie wie einen Freund zu behandeln. Mein Hauptgeistführer hat es mir einmal sehr schön und klar erläutert: »Bitte mich nicht um Dinge, die du allein schaffen kannst. Wenn du etwas erreichen willst, dann mach etwas dafür, benutze deine Gedankenkraft, lerne und setze dich für dein Ziel ein. Verlange nicht Dinge von mir, die du selbst kannst.« Er hat mir das sehr liebevoll gesagt, und es hat mich angeregt, mich mit der Gedankenkraft auseinanderzusetzen und mit dem Resonanz-Prinzip. Diese Erkenntnisse flossen auch in meine *Enjoy this Life®*-Methode ein.

Die Kommunikation mit den Geistführern ist etwas, das man über Jahre pflegen muss. Sie findet nicht durch »Worte« statt. Viele stellen sich vor, dass ich mit meinem Geistführer so sprechen kann wie mit einem guten noch lebenden Freund. Diese Kommunikation ist aber viel komplexer, ähnlich der, wie ich mit Verstorbenen kommuniziere. Manchmal werden mir Bilder gezeigt, manchmal höre ich gewisse Dinge, viel findet aber über das Gefühl statt und die sicherste Kommunikation ist die von außen.

Was genau ist damit gemeint? Wenn ich etwas wissen möchte, zum Beispiel ob ich mich noch als Heiler weiterbilden soll oder nicht, dann frage ich meinen Geistführer. Damit mir aber bei der Antwort nicht meine eigenen Ängste, mein Verstand, Ego oder meine Wünsche dazwischenfunken, erwarte ich die Antwort von außen. Das heißt, ich achte besonders darauf, welche TV-Sendungen ich anschaue, welche Zeitungsartikel mir ins Auge fallen, was mir Menschen, Freunde, Klienten erzählen. Wenn ich in der nächsten Zeit immer wieder mit dem Thema Heilen konfrontiert werde, nehme ich das als Antwort meiner Geistführer. Ich glaube, solche Situationen kennen wir alle. Wir beschäftigen uns mit einer Frage oder mit einem Thema und uns laufen in den nächsten Tagen immer wieder Tipps, Hinweise oder Menschen, die uns weiterhelfen, über den Weg. Das ist für mich eine der sichersten Kommunikationsmöglichkeiten mit der geistigen Welt. Leider übersehen wir oft solche »Antworten«. Wir müssen daher lernen, die Antwort von außen zu erkennen. Ich werde später noch erklären, wie wir Zeichen von Verstorbenen bekommen. So ähnlich ist es auch, wenn man seinen Geistführer um ein Zeichen von außen bittet. Das folgende Beispiel zeigt dir, wie Zeichen von außen von meinem Geistführer zu mir kommen.

Beispiel

Wir wollten umziehen und meine Freundin bat mich, mich um eine neue Wohnung zu kümmern. Ich vergaß es gleich wieder, am Abend musste ich noch in mein Ausbildungscenter, um Schüler zu unterrichten. Kurz bevor ich ging, fragte sie mich: »Hast du wegen einer Wohnung geschaut?«

»Ich habe es vergessen, aber wenn ich heimkomme, haben wir eine neue Wohnung. Versprochen!«

»Wie willst du das machen, du hast nur einen Arbeitsweg von sieben Minuten und wie willst du in der Zeit eine Wohnung suchen, du musst Auto fahren.«

»Lass das meine Sorge sein!« Ich trat aus der Tür und bat in Gedanken meinen Geistführer: »Großer Bär, ich weiß, es ist nicht ganz eure Aufgabe, aber ich will meine Freundin glücklich machen, gib mir ein Zeichen bitte, wie ich schnell an eine ideale Wohnung komme. Danke.« Dann fuhr ich los. Als ich vor meinem Center ankam, stand ein Auto auf meinem Parkplatz. Zuerst ärgerte ich mich ein bisschen, weil der

Parkplatz wirklich gut angeschrieben ist. Doch es war eigenartig, in all den Jahren hat nie jemand meinen Parkplatz benutzt. Als ich ausstieg und zu dem Auto ging, las ich auf der Seite die Werbeaufschrift: Immobilienbüro Meier. Da war es, mein Zeichen. Ich nahm mein Handy und rief dort an: »Hallo, hier ist Pascal Voggenhuber, Sie stehen auf meinem Parkplatz.«

»Oh, tut mir leid, ich fahre mein Auto sofort weg.«

»Das müssen Sie vielleicht gar nicht. Hätten Sie eine Vierzimmerwohnung in der Nähe von Sissach, die nicht mehr als X kostet?«

»Ähm, ja.«

»Könnte ich die anmieten und nächste Woche einziehen? Dann dürfen Sie stehen bleiben. Sonst bitte sofort wegfahren«, sagte ich zu dem Herrn und lachte. Er musste auch lachen und meinte: »Ihr Ernst? Wollen Sie die Wohnung nicht anschauen?«

»Nö, ich vertraue da voll und ganz. «

»Okay, kommen Sie morgen elf Uhr im Büro vorbei für den Vertrag. Die Wohnung gehört Ihnen. So etwas habe ich auch noch nie erlebt, aber ja, ich freue mich, Sie kennenzulernen.« Am nächsten Tag war der Vertrag unterschrieben und die Wohnung sehr schön. Klares Zeichen, glückliche Freundin.

Solche und ähnliche Erlebnisse habe ich bereits sehr viele erlebt, und ich denke, auch du, mein lieber Leser. Häufig übersehen wir leider diese Antworten, die von außen kommen. Daher, wenn du, lieber Leser, eine Frage hast oder Hilfe brauchst, dann bitte oder frage deine Geistführer und achte genau darauf, was und wer dir in den nächsten Tagen begegnet, welche Berichte dir auffallen im Fernsehen, Radio oder in der Zeitung. Öffne deine Augen, Ohren und alle Sinne für die Antwort aus der geistigen Welt. Wichtig ist, die Zeichen müssen klar sein, du musst sofort erkennen, dass es ein Zeichen ist. Du solltest zwar offen für Zeichen sein, aber du darfst sie auf keinen Fall suchen oder manipulieren. Das ist sehr wichtig.

Nachfolgend beschreibe ich dir noch eine Übung, wie du selbst den Namen deines Hauptgeistführers herausfinden kannst. Falls du die Arbeit mit deinem Geistführer vertiefen möchtest, würde ich mich freuen, wenn wir uns bei einem Live-Seminar kennenlernen oder in der Enjoy this Life® Online-Community, dort gibt es viele Onlinekurse, unter anderem auch, wie du deinen Geistführer entdecken und mit ihm zusammenarbeiten kannst.

Name meines Geistführers

Täglich werde ich gefragt, wie der Geistführer oder der Schutzengel eines Klienten heißt. Folgendes dazu vorab: Die Geistführer sind, wie schon beschrieben, einfach nur Energie. Diese Energie zeigt sich uns als Individuum, auch wenn sie es schon lange nicht mehr sind, da sie sich inzwischen sehr viel weiterentwickelt haben. Als ich einmal von einem meiner Geistführer wissen wollte, ob ich ihm den Namen Zoey gegeben habe, oder ob er sich bei mir als Zoey vorgestellt hat, sagte er: »Nur ihr Menschen braucht Namen, wir haben keine Namen mehr, wir geben uns für euch Namen, damit es einfacher für euch ist. Du kannst uns den Namen geben, der für dich stimmt, für uns spielt es keine Rolle, wie ihr uns nennt, uns ist nur wichtig, dass wir zusammenarbeiten.«

Diese Antwort hat mich damals sehr erstaunt. Das war noch ziemlich am Anfang, ich war gerade dabei, meine Medialität so richtig zu entdecken. Zoey war einer meiner ersten Begleiter, und ich wollte damals alles wissen und erfahren. Daher verstehe ich sehr gut, dass meine Klienten oder Kursteilnehmer wissen möchten, wie ihre Begleiter heißen. Inzwischen ist es nicht mehr so wichtig, wer oder was mit mir zusammenarbeitet. Wenn ich einen neuen Geistführer wahrnehme, dann brauche ich nicht mehr unbedingt einen Namen. Mir reicht heute das Gefühl, die Energie und das Wissen, dass es ein Freund ist. Ich verstehe aber jeden, der es wissen möchte. Nun eine einfache Meditationsübung, wie du den Namen herausfinden kannst.

Meditation

Setze oder lege dich bequem hin. Schließe deine Augen und konzentriere dich auf deinen Atem. Nimm wahr, wie du ein- und ausatmest. Nimm wahr, wie beim Einatmen deine Nasenflügel kühler und beim Ausatmen deine Nasenflügel wärmer werden. Lass dir

Zeit und konzentriere dich nur auf deinen Atem. Stelle dir dann in deiner Herzgegend ein Licht vor, ein helles kleines Licht. Du kannst dir auch eine Kerze vorstellen. Nun lass dieses Licht immer größer und heller werden, mit jedem Einatmen wird dieses Licht heller und größer, bis es deinen Körper ausfüllt. Sobald dein Körper mit deinem göttlichen Licht gefüllt ist, dehne dein göttliches Licht weiter über deinen Körper hinaus in die Aura aus. Bis du etwa einen Meter um dich herum von deinem Licht umgeben bist.

Dann bitte deinen Hauptgeistführer, er möchte näher kommen. Erwarte nichts, aber nimm wahr, wie sich die Energie um dich herum verändert. Bitte ihn, er soll noch näher kommen, er soll dich umarmen. Probiere, dir kein Bild zu machen, sondern gehe einfach in das Gefühl der Umarmung. Fühle und nimm wahr.

Dann bitte deinen Hauptgeistführer, er soll dir einen Namen sagen, und höre genau hin. Behalte den ersten Namen, der dir in den Sinn kommt, auch wenn er eigenartig oder sehr normal klingt. Das spielt keine Rolle. Wandere dann langsam mit deiner Aufmerksamkeit wieder zurück. Verabschiede dich von deinem Hauptgeistführer und lass dich von deinem Atem wieder zurückführen ins Hier und Jetzt. Nimm dir aber Zeit. Notiere dir dann den Namen.

Bei meinen Seminaren erlebe ich es oft, dass viele nicht zufrieden sind mit dem Namen, den sie erhalten, weil er sich so einfach anhört, zum Beispiel Sarah, Hannes, Michael oder so. Doch wer sagt, dass die Hauptgeistführer außergewöhnliche Namen haben müssen? Das denkt nur unsere Vorstellung. Für mich fühlen sich die einfachen Namen meistens viel glaubwürdiger an. Dein Hauptgeistführer fühlt sich auf jeden Fall angesprochen, wenn du den Namen nennst, den du in der Meditation bekommen hast.

Da die meisten Kursteilnehmer normale einfache Namen bekommen, bin ich meistens überzeugt, dass der Name tatsächlich aus der geistigen Welt stammt. Es kommen zu 98 % sehr simple Namen. Einmal habe ich die Kursteilnehmer gebeten, sie sollen einen Namen für ihren Hauptgeistführer erfinden. Was passierte? Es wurden zu 98 % wohlklingende Namen genannt, sehr spezielle, es waren kaum noch einfache Namen dabei. Das zeigt mir sehr deutlich, wenn wir bewusst mit der Phantasie oder dem Verstand einen Namen suchen, dann ist es ein wohlklingender oder bekannter Name wie: St. Germain, Elohim, Uriel, Abraham, Jesus, Maria, Lady Nada und andere. Solche Namen entstammen meistens der Phantasie. Kurt, Susann, Peter, Ulrich oder Karl sind da schon glaubhafter. Ebenso ist es, wenn ein Medium denkt, Jesus, Erzengel Michael, Mohammed oder sonst wer spricht durch ihn. Wer ist das in Wirklichkeit? Natürlich sein Hauptgeistführer, er zeigt sich ihm einfach so, wie derjenige es annehmen kann.

Ich wünsche dir viel Spaß beim Herausfinden des Namens deines Hauptgeistführers.

Zeichen von Verstorbenen

Immer wieder erreichen mein Büro E-Mails mit Fragen nach Zeichen von Verstorbenen. Viele schreiben, dass sie ein Zeichen bekommen haben, andere fragen an, wie man überhaupt ein Zeichen bekommt und warum nicht alle Verstorbenen eines schicken können. Deswegen möchte ich hier etwas genauer darauf eingehen. Ich wünsche mir, dass nach diesem Kapitel einige die direkten Zeichen eines Verstorbenen besser wahrnehmen können, sodass eine Beratung bei einem Medium überflüssig wird und Heilung stattfinden kann. Ich bin überzeugt, dass viele Menschen Zeichen bekommen, aber immer wieder denken, das sei nur Phantasie oder Zufall. Und ich weiß, dass die Verstorbenen immer wieder Zeichen schicken, bei fast jeder Demonstration. Wenn ich bei einem Vortrag Live-Demos mache und mit Verstorbenen Kontakt aufnehme, zeigen diese mir, welche Zeichen sie geschickt haben.

Einige Menschen können sie einfach nicht erkennen, andere denken an Spuk und wieder anderen genügt ein Zeichen nicht und sie bitten immer wieder darum. Wenn jedoch kein Zeichen genügt, dann kann es vorkommen, dass der Verstorbene irgendwann keine Zeichen mehr schickt. Denn egal was er macht, es reicht nie, um den

Trauernden davon zu überzeugen, dass er wirklich noch da ist, dass es ein Zeichen war und kein Zufall.

Doch was sind solche Zeichen? Ich werde hier auf die häufigsten eingehen und am Ende noch von ein paar speziellen erzählen. Sehr viele spüren, kurz nachdem jemand gestorben ist, oft noch so etwas wie eine Präsenz des Verstorbenen um sich. Man hat das Gefühl, man sei nicht allein im Raum oder an dem Ort. Oft kommen die Zeichen kurz nach dem Tod am häufigsten, weil der Verstorbene eigentlich mit den Zeichen nur eins erreichen will, er möchte damit sagen: »Hey, es ist alles gut, sei nicht traurig, ich bin immer noch da. Es ist alles in bester Ordnung.«

Manchmal erreichen mich E-Mails von Menschen, die Zeichen bekommen haben, dann aber dachten, dass der Verstorbene damit unbedingt etwas mitteilen wollte. In Wahrheit will er mit diesen Zeichen immer nur eins sagen, eben dass alles in Ordnung ist. Der Verstorbene selbst hat eigentlich selten das Bedürfnis, noch etwas zu klären, die Verstorbenen brauchen kein Medium. Wenn jemand ein Medium braucht, dann sind es die Hinterbliebenen. Der Verstorbene weiß, dass alle Dinge, die noch ungeklärt sind, im Jenseits dann leicht zu klären sind, sobald beide dort wieder aufeinandertreffen. Die Zeichen nutzen sie nur, damit der Trauernde weiß, dass alles gut ist, und damit er die Trauer besser verarbeiten kann.

Neben der Präsenz nehmen viele auch plötzlich einen Duft wahr, der eindeutig von dem Verstorbenen kommt, zum Beispiel Parfüm oder Rauch, oder man riecht dessen persönlichen Duft, der damals bei dem Verstorbenen in der Wohnung hing. Oder wenn ein Verstorbener Blumen sehr mochte, kann man plötzlich den Duft dieser Blumen riechen. Sehr viele haben diese Erfahrung bereits gemacht.

Lichtflackern oder Klopfgeräusche sind auch beliebte Zeichen, immer dann, wenn du an den Verstorbenen denkst, flackert das Licht oder es kommt zu Klopfgeräuschen. Diese Phänomene tauchen auf, wenn du um ein Zeichen gebeten hast oder intensiv an einen Verstorbenen denkst. Wenn es einfach so ab und an klopft oder das Licht flackert, dann kann das auch natürliche Ursachen haben. Darauf gehe ich später im Thema Spuk noch näher ein. Oder du denkst an jemanden, schaltest das Radio ein und dort wird gerade sein Lieblingslied gespielt, oder im Fernsehen kommt seine Lieblingssendung. Auch das kann ein Zeichen sein. Oder du siehst eine Zahlenkombination und es ist das Geburts- oder Todesdatum des Verstorbenen.

Falls du keine Zeichen bekommst, frage dich ganz ehrlich: »Habe ich schon Zeichen bekommen und diese immer als Zufall abgetan oder genügte es mir einfach nicht?« Wenn das der Fall ist, kann es sein, dass du einfach keine Zeichen mehr bekommst, weil der Verstorbene gemerkt hat, egal was er macht, es reichte für dich nicht. Dann lass los, beginne wieder zu leben und irgendwann wird sicher auch mal wieder ein Zeichen kommen.

Oft erlebe ich so etwas bei Eltern, die in tiefer Trauer sind und wirklich ein Zeichen nötig hätten, dass gerade sie kein Zeichen erhalten. Ich sagte mal zu meinem Geistführer, dass ich das nicht gerecht finde. Er meinte daraufhin: »Sie bekommen kein Zeichen, weil sie sich abhängig machen und dann ständig nur noch um Zeichen bitten. Erst wenn sie wieder leben und die Trauer verarbeitet haben, bekommen sie wieder Zeichen.« Die geistige Welt will, dass wir leben und das Beste aus dem Leben machen. Natürlich ist es am Anfang normal zu trauern, Trauer gehört zum Leben und zum Sterben dazu. Die normale Trauerzeit brauchen wir, damit wir abschließen und den Tod verarbeiten können. Aber wenn jemand wirklich keinen Sinn mehr sieht in seinem Leben, weil jemand gestorben ist, dann ist das nicht mehr gesund für den Hinterbliebenen. Und genau dann bekommt man oft keine Zeichen, weil eben die Verstorbenen wollen, dass wir unser Bestes aus dem Leben machen.

Besonders Eltern, die ein Kind verlieren, stürzen oft so stark in die Trauer, dass sich alles nur noch um das verstorbene Kind dreht. Freundschaften, Beziehungen gehen kaputt und oft – und das macht mich persönlich immer sehr traurig –, wenn das Paar noch lebende Kinder hat, dreht sich dann alles nur noch um das verstorbene Kind.

Ich weiß aus meiner Arbeit, aber auch aus persönlicher Sicht, wie es ist, ein Kind zu verlieren. Mir ist bewusst, dass es das Schlimmste ist, was Eltern passieren kann.

Dennoch achte darauf, wenn du trauerst, dass du irgendwann damit abschließen kannst und wieder glücklich wirst, denn genau das wünschen sich die Kinder in der geistigen Welt am meisten. Ich gehe später noch genauer auf Kinder in der geistigen Welt ein.

Der letzte Punkt, warum du eventuell noch nie ein Zeichen erhalten hast, liegt vielleicht daran, dass du noch nicht darum gebeten hast? Bitte einfach in Gedanken darum und achte in den nächsten Tagen, was in dein Leben kommt. Das kann eine Feder sein, ein Bericht, ein Buch, ein Zitat, ein Anruf, eine Begegnung, eine Erinnerung, das Flackern von Licht, Klopfgeräusche, Musik, Radio-, TV-Sendungen, ein Gegenstand, der umfällt. Sei offen, sei nicht verbissen und ich bin mir sicher, dein Zeichen wird kommen

Beispiel

Ich habe schon viele Geschichten von Zeichen gehört, doch das krasseste, was ich selbst erlebt habe und auch andere Menschen mitbekamen, war, als die Großmutter meiner Freundin starb. Für sie war ihre Großmutter wie eine Mutter. Wir waren sehr oft vor ihrem Tod bei ihr und haben mit ihr geredet. Sie hatte Krebs im Endstadium und glaubte stark an eine geistige Welt. Dennoch war es für meine Freundin sehr schwer, als sie starb, und ich weiß, wie sie in der Nacht vor der Beerdigung fragte: »Hast du sie schon gesehen? Geht es ihr gut?«

»Ja klar, sie ist da, es geht ihr gut.« Meine Freundin weinte und meinte: »Sei mir nicht böse, ich glaube ja wirklich, dass du mit Verstorbenen in Kontakt treten kannst, ich habe es so oft gesehen, wie du anderen Menschen geholfen hast oder der Polizei. Aber ganz ehrlich, mich trösten deine Worte überhaupt nicht!« Ich nahm das nicht persönlich, der Schmerz war sehr groß und ich weiß, ihre Worte waren nicht gegen mich oder meine Arbeit gerichtet, es waren einfach Worte der Trauer. Wir gingen an dem Abend früh ins Bett, da wir am nächsten Tag weit fahren mussten zur Beerdigung. Mitten in der Nacht, um 3.30 Uhr, ging bei uns im Haus der Alarm an. Wir wurden von der Sirene aus dem Schlaf gerissen, obendrein war der Ton sehr eigenartig. Normalerweise beginnt er leise und wird dann immer lauter, doch diesmal war er erst laut, dann leise, wieder laut, wieder leise, es war wie eine Wellenbewegung, sonst war es eine Steigerung. Aber ich hatte nicht die Zeit, darauf zu achten, denn das Telefon klingelte bereits und die Sicherheitsfirma war dran. In so einem Fall muss ich einen Identifikationscode durchgeben. Diesmal jedoch nicht, der Mann der Sicherheitsfirma war total überfordert und fragte: »Hier ist Firma X, bei Ihnen ist der Alarm ausgelöst worden. Ist jemand eingebrochen?«
»Keine Ahnung, woher soll ich das wissen, Sie haben doch die Überwachungskameras im Blick, ich habe bis eben noch geschlafen.«

»Gehen Sie bitte mal nachschauen, ob da ein Einbrecher ist.«
»Ich? Also ich bin ja nicht gerade einer, der schnell Angst hat, aber wozu habe ich eine Sicherheitsfirma, wenn Sie mich dann hinunterschicken, um zu schauen, ob jemand eingebrochen ist?«
»Stimmt, das ergibt keinen Sinn.«
»Sehe ich auch so, aber was sahen Sie auf der Kamera.«
»Na ja, bitte halten Sie mich jetzt nicht für verrückt, ich mache meinen Job schon 35 Jahre, aber so etwas habe ich noch nie gesehen. Unten hat sich Ihre Glastür geöffnet, das ist klar auf dem Video zu erkennen, doch das kann nicht vom Wind sein oder so, weil alle Fenster und Türen geschlossen sind, sonst wäre ja dort der Alarm ausgelöst worden!«
»Ach so, dann ist niemand drin, sondern es hat sich einfach die Tür geöffnet?«
»Ja, aber das Eigenartige ist, die Tür hat sich auch wieder von selbst geschlossen. Als wenn jemand die Tür auf- und sie dann wieder zumacht, aber das ist ja eigentlich nicht möglich. Ich bin total verwirrt. Auf allen anderen Kameras sehe ich nichts, ich denke nicht, dass jemand im Haus ist.«
In dem Moment musste ich lachen, obwohl der Mann der Sicherheitsfirma wirklich außer sich war, er verstand die Welt nicht mehr. Ich meinte, er solle dranbleiben, ich gehe nachsehen! So ging ich mit dem Tele-

fon in der Hand durch die ganze Wohnung und schaute, ob vielleicht ein Lebendiger im Haus sei. Doch bei der Glastür angekommen, sah ich die Oma meiner Freundin. Mit einem Lachen meinte sie: »Gutes Zeichen, oder, gibt es sogar auf Video!« Ich musste laut lachen und meinte zum Sicherheitsmann: »Keine Sorge, alles super bei uns. War wohl ein Geist.« Er meinte: »Dann bin ich froh, ich glaube nicht an Geister, aber es sah echt aus wie im Horrorfilm.«

»Nee, war ein lieber Geist, im Horrorfilm wäre ich jetzt gestorben. Ich wünsche Ihnen eine gute Nacht und danke für Ihren Anruf.« Ich hoffe, dem Mann geht es wieder gut und er hat sich erholt. Meine Freundin war kreidebleich und meinte, als ich ins Zimmer kam und erzählte, was der Mann gesehen hatte: »Das war wohl das Zeichen meiner Oma.«

»Ja, ich habe sie gesehen und sie war stolz auf ihr Zeichen.«

»Gott, das macht mir ja schon fast Angst.«

»Lass uns schlafen, wir müssen früh raus.« Ich legte mich hin und schlief schon fast wieder, typisch Mann halt. »Wie soll ich jetzt schlafen, vielleicht steht sie neben dem Bett oder dein Vater oder sonst ein Verstorbener.« Ich murmelte: »Bitte alle Verstorbenen hinaus, ich will schlafen, und wenn ihr hier seid, dann komme ich nicht dazu, weil sie neben mir Angst hat.« Ich war gerade auf dem Weg ins Traumland, als sie neben mir schrie: »Krass, als du das sagtest, hat sich unsere Schlafzimmertür geöffnet! Gott, hier spukt es ja!« »Nein, die wollten nur nicht durch die Wand gehen, sind halt höflich und haben die Tür genommen. War nur Oma, keine Sorge, schlaf jetzt.« Ich schaute noch einmal und die Tür war wirklich offen. Dann glitt ich in den Tiefschlaf. Am Morgen war ich erholt, meine Freundin dagegen nicht, die Zeichen, die sie bekam, waren fast zu viel für sie.

Während der Beerdigung erhielt sie dann noch ein Zeichen, beziehungsweise die ganze Familie. Es war Winter und während des Gottesdienstes erschien auf einmal ein Marienkäfer auf der Lehne der Kirchenbank vor uns. Die Oma liebte Marienkäfer, er lief von einem Sohn zum anderen – sie hatte drei Söhne – und blieb bei jedem kurz stehen. Am Ende lief er zu meiner Freundin und danach zu mir, dann flog er davon. Es sah aus, als hätte der Marienkäfer sich bei jedem kurz verabschiedet. Ich sah die Oma lachend und eigenartig gekleidet. Das erzählte ich meiner Freundin, daraufhin meinte sie: »Genauso war sie an vielen Familienfesten immer gekleidet. Ich habe genug Zeichen bekommen, ich glaube dir jetzt auch, dass du sie wahrnimmst und sie immer noch da ist.« Danke Oma, nun konnte langsam Heilung in ihre Trauer fließen.

Tiere in der geistigen Welt

Immer wieder, wenn ich Jenseitskontakte herstelle, kommen die Verstorbenen mit ihren Haustieren, die bereits im Jenseits sind. Ich kann zwar nicht direkt mit dem verstorbenen Tier in Kontakt treten, doch kann es oft beschreiben, sodass es der Klient versteht. Wenn dein Haustier schon in der geistigen Welt ist und es eine starke Verbindung zwischen euch gab, dann kannst du dir sicher sein, dass du es im Jenseits wiedertreffen wirst. Es ist nur vorausgegangen und wartet dort auf dich. Genauso wie den menschlichen Seelen, geht es allen Tieren in der geistigen Welt gut, sie sind im Licht und frei von allem, was sie auf der Erde vielleicht erlebt haben oder durchmachen mussten. Das ist für mich ein Trost, wenn man bedenkt, wie viele Tiere getötet werden für unsere Nahrung. Auf dieses Thema möchte ich aber in diesem Buch nicht eingehen, jeder muss selbst entscheiden, was er isst. Ich finde es nur wichtig, dass es ihnen im Jenseits genauso gut geht wie allen Haustieren. Es spielt dabei keine Rolle, was du als Haustier bezeichnest, ich sah schon alles.

Beispiele

Meine Freundin, die zu Beginn sehr skeptisch war, was meine Arbeit anbelangt, meinte einmal zu mir: »Kannst du auch meine Haustiere sehen?«

»Ja, manchmal sehe ich sie, nicht immer, aber oft.«

»Okay, was hatte ich für Haustiere als Kind, das kannst du nämlich nicht wissen!« Auf einmal sah ich auf jeder Schulter von ihr einen Vogel sitzen, und zwar Wellensittiche, einer war grün und der andere war blau. »Shit, du kannst das wirklich.« Also auch Vögel, Schildkröten, Schlangen sah ich schon, so wie viele andere Tiere. Hunde und Katzen sind häufig zu sehen.

Spannend finde ich, dass ich bis jetzt immer Haustiere sah. Einmal in Luzern am Gymnasium, dort unterrichte ich ein- bis zweimal im Jahr und erzähle den Jugendlichen über meine Arbeit, meinte kürzlich ein Junge: »Siehst du auch Tiere, die gestorben sind?« Als ich Ja sagte, meinte er: »Krass, dann hast du ja schon Dinosaurier und Mammuts gesehen.« Ich wusste erst nicht, ob es ernst gemeint war, merkte aber schnell, er meinte es ernst. Daher sagte ich: »Nein, bis jetzt noch nicht.«

Auf dem Heimweg im Auto fragte ich dazu meinen Geistführer: »Der Junge hat recht, warum sehe ich nur Haustiere, noch nie einen Dinosaurier oder ein Reh, das zum Beispiel angefahren wurde, oder einen Tiger, der gestorben ist?«

»Weil sich dir nur Tiere zeigen, die einen speziellen Bezug zu einem Menschen hatten. Die anderen sehen keinen Grund, sich dir zu zeigen.« Diese Antwort befriedigte mich.

Ich toure viel durch Österreich und gebe zu, ich liebe dieses Land. Vielleicht weil mein Vater Österreicher war und ich sowohl die Schweizer wie auch die österreichische Staatsbürgerschaft habe. Das erste Mal in Österreich auf Tour und damit überhaupt das erste Mal so richtig im Land war ich 2012. Meine Verlegerin Sabine Giger begleitete mich. Ich bekam vom dortigen Lebensraum-Center eine Einladung für Vorträge. Auf dem Weg zu dem Ort namens Bramberg war ich überrascht, wie ländlich es war. Die gefühlten letzten zwei Stunden sah ich nur Wiesen, Kühe, Wiesen, Kühe, ab und zu mal ein Haus und wieder Wiesen und Kühe. Ich sagte zu Sabine: »Gott, ich hoffe, da kommen auch Menschen und nicht nur Kühe.« Aus Spaß meinte ich dann noch: »Ich glaube, ich mache heute Abend einfach Jenseitskontakte zu verstorbenen Kühen. Ich sage einfach, ich habe hier eine Kuh und sie heißt Elsa. Wer kann das verstehen?« Wir mussten beide lachen; ich gebe es zu, wir haben manchmal einen eigenartigen Humor. Doch die tote Kuh Elsa blieb mein Running Gag während der ganzen Tour. Natürlich kamen Menschen zu meinem Vortrag und ich gab normale Jenseitsdemonstrationen.
Die Tour in Österreich war so erfolgreich, dass ich im Jahr darauf wieder für zwei Touren gebucht wurde. Diesmal fuhr ich mit meinem Assistenten und sagte

ihm: »Du wirst auf dem Weg dorthin so viele Kühe und Wiesen sehen, dass du denkst, hier gibt es bestimmt nur verstorbene Kühe, die Elsa heißen. Aber lass dich nicht irritieren, ich sah noch nie eine verstorbene Kuh.« Na ja, mein Assistent schaute mich nur komisch an, er hatte nicht den gleichen Humor und verstand natürlich auch die Running Gags der letzten Tour nicht.

Am zweiten oder dritten Tag der Tour waren wir in Lienz für meinen Vortrag und als ich mit den Demonstrationen begann, war alles normal. Ich nahm den verstorbenen Vater von einem Mann im Publikum wahr und beschrieb ihn. Es war ein guter normaler Kontakt und der Mann im Publikum konnte das meiste ohne Probleme verstehen. Auf einmal sah ich eine Kuh neben dem verstorbenen Vater und sie trug ein Namensschild, auf dem ich den Namen Elsa lesen konnte. Ich lachte auf, weil ich dachte, meine Phantasie spielt mir einen Streich. Ich entschuldigte mich bei dem Mann und er fragte: »Warum lachst du so?«

»Weil ich neben deinem Vater eine Kuh sehe, die Elsa heißt, doch das ist nur meine Phantasie, weil die tote Kuh bei mir und meinem Team ein Running Gag ist.« Der Mann fing an zu weinen: »Das ist nicht deine Phantasie, mein Vater war Bauer und hatte Kühe, seine absolute Lieblingskuh hieß Elsa. Jahre nach ihrem Tod hat er immer noch von der schönen Elsa geredet, ich glaube, er hat sie mehr geliebt als meine Mutter.

Sind sie zusammen?« Ich war irritiert, aber war mir sicher, dass sie zusammen sind. Auch wenn eine Kuh kein typisches Haustier ist, durch den starken Bezug sahen sie sich wohl im Jenseits wieder. Ich finde es unglaublich tröstend zu wissen, dass wir nicht nur die Menschen, die wir lieben, wiedersehen, sondern auch unsere geliebten Haustiere.

Kinder in der geistigen Welt

Das ist sicher eins der emotionalsten Themen, die es gibt. Deswegen habe ich ein ganzes Buch darüber geschrieben: *Kinder in der geistigen Welt*. Ich werde in diesem Kapitel nur auf die wichtigsten Themen eingehen und eine kurze Zusammenfassung schreiben. Weil egal, wie alt dein Kind war, auch wenn es mit 40 starb oder sogar noch älter, es wird immer dein Kind sein. Als Eltern wünscht man sich nichts mehr, als dass die Kinder uns überleben. Als meine Expartnerin damals mit meinem Sohn schwanger war, waren wir über zwanzigmal beim Notarzt und am Anfang hieß es immer wieder, er wird nicht überleben und wir sollten uns darauf vorbereiten, dass unser Kind stirbt. Das war meine härteste Prüfung. Ich war damals auf Tour und habe fast jeden Abend den Menschen vom Leben nach dem Tod erzählt, wusste aber oft nicht, wenn ich von der Bühne gehe, ob mein Sohn noch lebt. Ich weiß noch, wie meine Verlegerin damals zu mir sagte: »Respekt, dass man dir auf der Bühne nichts anmerkt. Jeder würde verstehen, wenn du die Tour abbrechen würdest. Wie schaffst du das nur?«

Ich musste mir kurz selbst die Frage stellen: »Ich schaffe es, weil ich weiß, falls er geht, dann hat es in seinen Lebensplan gehört. Das zweite ist, ich bin voll und ganz Medium, ich erzähle nicht nur, dass es ein Leben nach dem Tod gibt, ich weiß es und ich bin davon so überzeugt, dass mir dieses Wissen hilft.« Das heißt nicht, dass ich nicht starke Krisen hatte, dass ich nicht auch mit Gott im Konflikt war, doch es hat mir geholfen, Eltern noch besser zu verstehen. Ich habe dabei gemerkt, dass das Leben für mich im Jenseits eine absolute Realität ist, egal was meine Kritiker sagen. Ich lebe, was ich erzähle, ich erzähle es nicht nur, weil ich mich wichtig machen möchte. Dennoch habe ich mir in der Zeit sehr viele Gedanken gemacht über Fehlgeburten, auch über Abtreibungen und Totgeburten. Auf diese beiden Themen möchte hier besonders eingehen. Ich bin aber aus tiefstem Herzen dankbar, dass mein Sohn heute fünf Jahre alt und völlig gesund ist.

Gerade wenn ein Kind nicht auf die Welt kommt, ist es für die Eltern besonders schwer abzuschließen, weil man es nicht beerdigen kann. Deswegen beschreibe ich am Schluss dieses Kapitels ein Ritual, das hilft, besser loslassen zu können.

Mir ist bewusst, dass der Tod eines Kindes wohl der schlimmste Verlust ist, egal wie alt das Kind war. Für die Eltern ergibt es nie einen Sinn. Aus spiritueller Sicht zwar schon, doch dieses Wissen heilt selten das Herz der Eltern. Dennoch gehe ich jetzt auf diesen Punkt ein. Im Grunde ist der Tod eines Kindes bis circa sieben Jahre – man kann die Grenze nicht so genau ziehen – im Lebensplan enthalten. Das heißt, die Seele hat sich diesen frühen

Tod ausgesucht und braucht diese Erfahrung für ihr persönliches Wachstum. Doch nicht nur für die Seele, die so früh wieder zurück in die wahre Heimat geht, ist es ein Wachstumsprozess, natürlich auch für alle Angehörigen. Aus menschlicher Sicht würden wir uns nie solch ein Schicksal aussuchen. In der geistigen Welt sagen wir oft dazu Ja, weil dort wissen wir, dass wir nicht sterben können. Wir wissen, dass es ein Leben im Jenseits gibt, da wir ja zu dem Zeitpunkt im Jenseits sind und wissen, dass wir dort alle, die wir lieben, wiedertreffen. Daher fällt uns dort die Entscheidung nicht schwer, wir wissen, am Ende sind wir alle wieder in Liebe vereint. In unserer Welt hingegen weiß ich, dass diese Erklärungen für Eltern oft kaum nachvollziehbar sind. Das verstehe ich gut.

Der Tod kommt uns oft als Strafe vor, bei Kindern, die sehr früh sterben, bedeutet es jedoch, dass sie ihre Lernaufgabe erfüllt haben und deswegen wieder heimkehren können. Wenn eine Seele nur noch die Erfahrung braucht, kurz ins Leben zu treten, und dann bald wieder zurückkann, ist sie oft am Ende ihres Lernprozesses. Für die Seele ist es eher ein Geschenk und man sollte sich freuen, weil es bedeutet, sie hat ihr Ziel erreicht. Ich weiß, das so zu sehen ist schwer, ja wahrscheinlich sogar fast unmenschlich. Ich weiß ja selbst, dass sich die Theorie gut anhört, aber praktisch, praktisch ist es einfach nur schlimm. Da gibt es nichts hinzuzufügen.

Alle Kinder und Jugendlichen, mit denen ich in Kontakt stand aus dem Jenseits, sagten mir immer wieder:

»Sag meinen Eltern, sie sollen leben, lachen, das Leben voll genießen, denn dadurch erlebe auch ich die vollen Freuden des Lebens. Ich will nicht, dass sie traurig sind, ich bin ja immer noch da.« Gerade Kinder und Jugendliche gaben mir oft die schönsten und weisesten Botschaften für die Hinterbliebenen. Zumeist sind es keine »jungen« Seelen, sondern sehr »weise« und deswegen haben sie oft auch mit der letzten Inkarnation den Zyklus der Wiedergeburt beendet.

Betrachten wir zuerst einmal Fehlgeburten genauer, es gibt zwei Kategorien. Erstens: Eine Frau erleidet eine Fehlgeburt und wird dann innerhalb der nächsten drei bis sechs Monate wieder schwanger. Dann ist es dieselbe Seele, die es noch einmal probiert zu kommen. Wie ist das zu verstehen? Wie ich schon ein paarmal schrieb, haben wir einen Lebensplan. Zum Beispiel eine Seele hat, bevor sie inkarniert, in ihrem Lebensplan stehen, dass sie mit einem gesunden Körper auf die Welt kommt, weil ihr genau diese Erfahrung noch fehlt. Dann kommt es während der Entwicklung in der Schwangerschaft zu Problemen, sodass der Embryo einen körperlichen Schaden erlitte, das Kind somit nicht in einem gesunden Körper zur Welt kommen würde. Sofort zieht sich die Seele zurück, weil sie für die Erfahrungen, die sie im Lebensplan gewählt hat, einen gesunden Körper braucht, und es kommt zu einer Fehlgeburt. Wird die Frau innerhalb der nächsten drei bis sechs Monate wieder schwanger, unternimmt die Seele einen erneuten Anlauf. Hat jetzt zum Beispiel die Frau einen Vitaminmangel oder ständig Stress und wird dadurch der Embryo erneut geschädigt, kann es zu mehreren Fehlgeburten führen, bis alle Voraussetzungen erfüllt sind.

Deswegen empfehle ich Frauen, die sehr oft Fehlgeburten haben und innerhalb kurzer Zeit wieder schwanger werden, sie sollen unbedingt den Stress reduzieren und sich ihren Vitamin- und Mineralstoff-Haushalt anschauen, speziell Vitamin D, B12, Eisen, B6 und B3. Oft findet man dort ein Defizit. Im obigen Fall ist klar, die Seele will kommen, sie braucht aber einen gesunden Körper, um den Lebensplan zu erfüllen. Da das durch diverse Probleme nicht gegeben ist, zieht sie sich immer wieder zurück, bis alles passt. Bringt dann die Frau ein gesundes Baby zur Welt, sehe ich als Medium auch keine Seele in der geistigen Welt, die zuvor abgegangen ist, da sie jetzt im lebenden Kind inkarniert ist.

Beim zweiten Fall wird eine Frau schwanger, verliert das Kind und wird nicht innerhalb kurzer Zeit wieder schwanger. Oder die Frau wird gar nicht mehr schwanger oder entscheidet sich durch die Fehlgeburt gegen Kinder, dann brauchte die Seele nur noch diese Erfahrung, eben kurz in den Körper einzutreten und dann den Zyklus der Wiedergeburt zu beenden. In diesen Fällen kann ich als Medium das Kind in der geistigen Welt wahrnehmen.

Bei Totgeburten ist es wie bei einer Fehlgeburt, deswegen gehe ich nicht speziell auf diese Thematik ein. Bei einer Abtreibung sieht es etwas anders aus. Zum Trost für alle Mütter/Väter, die diese Entscheidung getroffen haben, sei gesagt, die Kinderseele wusste, bevor sie inkarnierte, also bevor es zur Schwangerschaft kam, dass sie nie geboren wird. Sie hat sich im Lebensplan genau diese Eltern ausgesucht, die ihm diese Erfahrung geben. Falls du so eine Entscheidung treffen musstest, aus welchen Gründen auch immer, brauchst du dem Kind gegenüber kein schlechtes Gewissen haben, es wusste bereits vorher, dass es nie geboren werden würde, und hat sich diese Erfahrung ausgesucht.

Das ist natürlich kein Freifahrtschein für ungeschützten Geschlechtsverkehr, so nach dem Motto: »Spielt ja keine Rolle, die Seele braucht die Erfahrung, daher muss ich nicht aufpassen, ich kann ja abtreiben.« Wenn man bewusst so handelt, ist es im Grunde fahrlässig, nicht für die Seele, für die ist es nach wie vor kein Thema, für sie ändert sich nichts, jedoch für das Karma der Eltern. Eine Abtreibung einfach so, nur weil man nicht verhütet und denkt, ich kann es ja wieder wegmachen, hat natürlich negatives Karma zur Folge, weil die Absicht eine destruktive ist. Wenn jemand dagegen aus gutem Grund, und dafür gibt es viele, abtreibt, dann hat das auch kein negatives Karma zur Folge. Viele Eltern oder gerade Frauen entscheiden sich dafür, weil sie denken, dass sie vielleicht keine guten Eltern wären, oder wenn das Kind aus einer Vergewaltigung entsteht. Oder die Mutter weiß einfach, es wäre weder für sie noch für das Kind von Vorteil, dann könnte man sagen, die Absicht war zum Wohle aller Beteiligten und es folgt kein negatives Karma.

Auf das Karma möchte ich in diesem Buch nicht eingehen. Wenn es dich interessiert, empfehle ich dir meinen kostenlosen Podcast, den du auf meiner Homepage oder bei iTunes findest. Dort gehe ich noch auf viele weitere spannende Themen ein.

Ich hoffe, diese Zeilen helfen Eltern, das Ganze besser zu verstehen. Natürlich ist es ein sehr emotionales Thema. Mir ist bewusst, dass, wenn Kinder sterben, sie immer eine große Lücke hinterlassen. Solltest du eins von diesen drei Fällen erlebt haben, hier noch ein kleines Ritual, das bereits vielen Eltern half, besser mit dem Verlust eines Kindes, das nicht geboren wurde, abzuschließen.

Verabschiedungsritual für ein Ungeborenes

Oft ist es ja so, dass es keine körperlichen »Überreste« gibt, die man beerdigen könnte. Doch gerade die Zeremonie oder das Ritual der Beerdigung ist wichtig, um das Geschehene besser zu verarbeiten und Heilung in den Verlust fließen zu lassen. Aber du kannst deinem ungeborenen Kind – natürlich kannst du es auch machen, wenn dein Kind geboren wurde – einen Abschiedsbrief schreiben. Schreibe alles auf, was du gern mitteilen möchtest, alles, was dich vielleicht noch belastet. Schreibe einfach alle Gedanken auf. Falls dein Partner mitmachen möchte, lass ihn einen eigenen Brief schreiben. Ich gehe später noch auf die Thematik Männer und Trauer ein. Es kann auch sein, dass dein Partner nicht dafür bereit ist.

Denke daran, dass die Seele deines Kindes dadurch, dass du an das Kind denkst, bei dir sein wird und deine Worte erfährt. Wenn du deinen Brief fertig hast oder ihr beiden ihn fertig habt, dann kannst du das Folgende entweder im Kreis deiner Familie oder Freunde machen oder allein, es spielt keine Rolle. Gestalte eine Zeremonie daraus, und wenn du das möchtest, sage ein paar Worte, lass Musik laufen, zünde Kerzen an oder was immer für dich stimmig ist. Dann lass den Brief mit einem Luftballon in die Luft steigen oder mit einer Himmelslaterne (bitte darauf achten, ob es in deinem Land/Ort erlaubt ist).
Du kannst natürlich auch den Brief anstelle des Körpers beerdigen, und wenn es stimmig ist, eine Art Grab machen, oder den Brief dem Feuer oder Wasser übergeben. Wichtig ist, dass du den Brief loslässt. Es ist zwar ein simples Ritual, aber sehr, sehr vielen Eltern, die ich kenne, hat es unglaublich geholfen.
Einigen half es auch, in eine Trauergruppe zu gehen, andere zog das noch mehr hinunter, wieder anderen konnte ein Medium oder ein Vortrag von mir helfen. Manche sind in den richtigen Händen eines Psychologen. Ich finde trauern sehr, sehr wichtig. Doch man sollte die Trauer auch aktiv verarbeiten, damit man wieder selbst voll und ganz ins Leben findet. Das wünschen sich die Kinder in der geistigen Welt am meisten. Dass du/ihr wieder glücklich bist/seid.

Manchmal werde ich gefragt: Kannst du auch mit Kindern in Kontakt treten, die nie geboren wurden? Ja, das ist möglich, es ist für das Medium nur einfach unglaublich schwierig zu beweisen, dass man wirklich mit dem verstorbenen Kind in Kontakt steht. Ich kann ja keine Beweise aus dem Leben erzählen. Ich hole mir zuerst einen bekannten erwachsenen Verstorbenen, mache so die Beweisführung und hole dann die Kinderseele hinzu. Damit sich die Eltern wirklich sicher sein können, dass ich mit dem verstorbenen Kind in Kontakt treten kann und nicht einfach nur etwas erzähle.

Ich werde später noch beschreiben, worauf man achten sollte, damit man wirklich bei einem guten Medium landet. Es ist wie in jeder Branche, es gibt viele wunderbare Medien, aber es gibt auch einige, die nicht so gut sind. Da ich selbst keine Einzelberatungen mehr gebe, stehen auf meiner Homepage ein paar Kollegen, die ich wirklich sehr empfehlen kann.

Früher Kindstod

Eigentlich kann man bei allen Kindern, die vor dem siebten Lebensjahr wieder zurück in die geistige Welt gehen, egal welche Todesursache, davon ausgehen, dass es in den Lebensplan des Kindes gehört hat. Auch wenn das schwer zu verstehen ist, wir haben nun mal unseren Lebensplan und unsere Erfahrungen, die wir machen wollen. Ab dem siebten Lebensjahr circa ist es schwer, eine klare Grenze zu ziehen, ab da hat unser eigenes Handeln mehr Einfluss auf unsere Todesursache. Ab da hängt es mit davon ab, ob wir vorsichtig oder unvorsichtig sind, wie wir uns ernähren, wie wir mit Konflikten umgehen. Ob wir ständig unter Stress stehen, schließlich wissen wir alle, Stress ist schlecht für unsere Gesundheit. Ob wir Alkohol, Nikotin, Drogen oder sonstige schädigende Substanzen zu uns nehmen.

Warum sagt man, es stehe im Lebensplan bis circa sieben Jahren, wenn ein Kind stirbt? Einige Leser werden jetzt denken: »Ja, die Ernährung spielt schon eine große Rolle oder wenn die Eltern in der Wohnung rauchen.« Absolut, doch in den ersten Jahren hat das Kind kaum einen Einfluss darauf, es ist einfach abhängig von den Eltern. Deswegen suchen wir uns auch unsere Eltern aus, wir schauen, was wir dort vorfinden, und planen unsere Eltern so, dass wir das vorfinden, was stimmig ist für unseren Lebensplan. Trotzdem sollte man sich als Eltern bewusst machen, dass man die Verantwortung für ein Kind hat, und nicht einfach sagen, egal was passiert, es ist im Plan enthalten. Aber ich weiß, dass die Menschen, die meine Bücher lesen, vernünftige Eltern sind, und deswegen kann ich mit gutem Gewissen sagen, auch wenn ein Kind früh stirbt, dich trifft keine Schuld. Es war so im Plan des Kindes enthalten. Ich wünsche einfach allen Eltern viel Kraft und hoffe, dass dir meine Zeilen über die Trauer hinweghelfen.

Zum Schluss dieses Kapitels möchte ich noch eine Geschichte aus meiner Praxis erzählen.

Beispiel

Ein junges Paar saß vor mir, die einen Jenseitskontakt wollten. Ich erklärte, wie die Sitzung abläuft, dass sie nur mit Ja und Nein antworten dürfen, und dass ich sonst keine Informationen möchte. Während ich noch erklärte, meldete sich die Großmutter der Frau und vermittelte mir sofort ein paar Informationen, die ich weitergab: »Ihre Großmutter sagt mir gerade, dass sie die Mutter Ihrer Mutter sei und dass sie in einer ländlichen Gegend gewohnt habe. Sie sagt mir auch, dass sie nie in der Schweiz war und kein Deutsch konnte, für mich fühlt es sich an, als ob sie Italienisch oder Französisch sprach, eher Italienisch. Ergeben diese Informationen für Sie Sinn?«

Die beiden konnten alles verstehen. »Sie sagt, dass sie im Norden von Italien gewohnt habe, nicht im Süden. Außerdem gibt sie mir zu verstehen, dass ihr nicht wegen ihr da seid, sondern wegen eures Sohnes. Stimmen die Informationen?« Beide hatten Tränen in den Augen, als ich den Sohn erwähnte, und konnten die Informationen bestätigen. »Ihre Großmutter sagt mir, dass Sie sie nach dem Tod Ihres Sohnes gebeten haben, auf den Sohn in der geistigen Welt aufzupassen, sie wollte nur schnell sagen, dass sie das macht. Es ist ihr wichtig, euch mitzuteilen, dass sie auf euren Sohn aufpasst. Sie gibt mir zu verstehen, dass das auch euer Wunsch sei. Ergibt das Sinn?« Auch diese Informationen bestätigten beide, und die Klientin sagte mir, dass sie sehr froh sei, dass ihre Großmutter auf ihren Sohn aufpasse.

Plötzlich nahm ich den Sohn in der geistigen Welt wahr. Ich erhielt sehr schnell Informationen: »Ich sehe Ihren Sohn, er war noch nicht so alt, vielleicht drei Jahre. Er erzählt mir von Antonio, wer ist Antonio?« Jetzt schaute mich der Mann mit großen Augen an, und auf einmal brachen die Tränen und die ganze Trauer aus ihm heraus. Er sagte unter Schluchzen: »Ich, ich bin Antonio, ja, er war erst drei Jahre alt. Oh mein Gott ...« Ich fragte die beiden, ob ich eine kurze Pause machen solle, da es extrem emotional war und auch ich Mühe hatte, klar zu bleiben und mich nicht von den Emotionen mitreißen zu lassen. Doch sie wollten keine Pause, daher fuhr ich mit der Sitzung fort. »Ihr Sohn zeigt mir, dass er schon längere Zeit krank war, und er bedankt sich, dass ihr beide am Schluss eure Arbeit aufgegeben habt, damit ihr noch bei ihm sein konntet. Er meint auch, dass er eine Krankheit hatte, die sehr selten ist, und dass ihr von einem Arzt zum anderen gegangen seid, in der Hoffnung, ihn zu retten. Er sagt mir, es sei bestimmt gewesen, dass er früh stirbt. Ihr sollt euch keine Vorwürfe machen, ihr hättet alles getan, was in eurer Macht stünde. Ergeben die Informationen Sinn?« Die beiden konnten alles verstehen, der Vater hatte am Schluss wirklich seinen Job aufgegeben, damit er die letzte Zeit mit seinem Sohn verbringen konnte. Auch die Krankheit war extrem selten.

»Euer Sohn zeigt mir, dass er jetzt wieder gehen kann und spielen, er könne rennen, er könne all das machen, was er auf der Erde nicht konnte. Ich soll euch sagen, eure Gebete wurden erhört. Er zeigt mir, sie wären zusammen an einem Wallfahrtsort gewesen, der Maria, der Mutter Gottes gewidmet ist, denn ich höre ihren Namen, ergibt das Sinn?« Auch das konnten sie mir bestätigen. Antonio meinte, er war in Lourdes, da er selbst eine starke Beziehung zu Maria spüre. Für mich war unglaublich, wie weise ich die Seele dieses Kindes wahrnahm, auch wie klar es seine Informationen an seine Eltern weitergeben konnte. Er sagte mir immer wieder, dass es ihm so wichtig sei, zu beweisen, dass er da ist und noch lebt. Während der ganzen Sitzung hat er mir das bestimmt zehnmal gesagt.

Am Schluss schaute mich der Vater an und meinte: »Pascal, ich wollte immer einen Beweis, dass mein Sohn noch lebt. Ich fühlte ihn ab und zu, und doch wollte ich einen Beweis haben. Ich habe einen sehr starken Glauben, und es war für mich nicht leicht, zu dir zu kommen. Doch ich danke dir aus ganzem Herzen, du konntest mir diesen Beweis liefern. Jetzt weiß ich, dass mein Sohn noch lebt und vor allem, dass es ihm gut geht. Ich danke dir so sehr.«

Diese Worte des Vaters waren für mich sehr berührend. Weil ich fühlte, dass es nicht nur Worte waren, sondern sie aus seinem Herzen kamen. Gott möge für immer bei ihnen sein, und ich war froh zu sehen, dass die Frau bald wieder ein Kind erwarten würde. Als ich diese Information weitergab, bestätigte sie mir, dass sie schwanger sei.

Männer trauern anders

Ich gebe es zu, den größten Teil des folgenden Textes habe ich bereits als Kolumne veröffentlicht. Nach der Veröffentlichung schrieben mir viele Frauen und auch einige Männer, dass sie dankbar dafür waren, sodass ich mich entschloss, es auch ins Buch aufzunehmen. Vor allem auch, weil ich es als sehr wichtiges Thema empfinde. Natürlich schrieben mir auch einige: »Pascal, mein Mann ist aber überhaupt nicht so. Pascal, das ist zu schwarz-weiß.« Ja, das mag alles stimmen, trotzdem weiß ich aus Erfahrung, dass es in vielen Beziehungen so ist, vor allem wenn ein Paar ein Kind verloren hat. Dass es vielleicht etwas pauschal ist, mag stimmen. Wenn dein Mann anders ist, sei dankbar.

Mir geht es in diesem Kapitel nur darum, Verständnis aufzubauen, dass jeder Mensch anders trauert, dass jeder einen Schicksalsschlag anders verarbeitet. Ich finde es schade, dass sich so viele Paare in der Phase der Trauer fremd werden, weil sie sich untereinander nicht mehr verstehen. Deswegen passt dieser Text hier gut hin. Natürlich gilt es nicht nur für Männer, sondern für jeden Menschen. Doch da ich weiß, dass vor allem Frauen meine Bücher lesen, gehe ich hier speziell auf die Trauer der Männer ein.

Ich begleite während meiner Arbeit viele Frauen und Männer, die einen geliebten Menschen verloren haben. Auch sehr viele Eltern, die ihr Kind gehen lassen mussten. Diese Tragödie wird dann oft noch zu einer Belastungsprobe für die Beziehung. Nicht selten kommt es vor, dass nach dem Tod eines Kindes auch die Partnerschaft zerbricht. Das hat mich zu den folgenden Worten bewogen.

Ich möchte dir den Unterschied zwischen der Trauer von Frauen und der von Männern erklären. Immer wieder haben sich Frauen sehr verzweifelt an mich gewandt und erzählt, wie sie die Trauer ihres Partners wahrnehmen. Sie denken, dass ihr Partner nicht richtig trauert, manchmal reagiert er sogar wütend, wenn sie mit ihm über den Tod ihres Kindes sprechen wollen. Wenn ich mir dann allerdings die Aura des Mannes ansah, erkannte ich sehr tiefe Narben der Trauer, gerade auch bei Männern, die sich äußerlich wenig anmerken lassen.

Warum können Männer ihre Trauer nicht teilen? Warum haben sie oft nicht das Bedürfnis, über ihren Schmerz zu sprechen? Weil da manchmal sehr tiefe Muster dahinterstecken und der Mann von Natur aus anders mit Problemen oder eben Trauer umgeht. Es geht mir nicht darum, den Mann in Schutz zu nehmen, sondern ich möchte helfen, dass die Frauen ihren Partner besser verstehen.

Bei Frauen ist es häufig so, dass sie nach dem Tod eines Kindes viel darüber sprechen. Reden und sich austauschen mit Mitmenschen hilft ihnen zu verarbeiten und macht den Schmerz erträglicher. Frauen reagieren mehr auf der emotionalen Ebene, können Gefühle so besser zuordnen und verarbeiten. Dieser Prozess kann Wochen, Monate und bei vielen auch Jahre dauern. Wenn sie sich dann aber mit ihrem Mann darüber austauschen wollen, reagiert dieser oft mit Schweigen, zieht sich zurück oder wird sogar wütend. Oft höre ich Männer dann sagen: »Das bringt nichts … Du musst loslassen … Das ständige Darüberreden bringt unser Kind auch nicht wieder zurück …« Natürlich stoßen die Männer damit auf Unverständnis.

Warum reagieren viele Männer mit Rückzug und Schweigen?

Oft wirken da sehr alte erlernte Muster mit. Dem jungen Mann wird eingeredet: »Ein Junge weint nicht. Als Mann musst du stark sein. Emotionen sind etwas für Mädchen.« Auch heute noch werden diese Muster unbewusst weitergegeben. Damit verpassen sie es als Kind und als Jugendlicher, Erfahrungen zu sammeln, und lernen ihre Emotionen nicht kennen. Das ist einer der Gründe.

Ein zweiter, Männer verarbeiten Trauer auch anders. Wenn Männer ein Problem haben, wollen sie es mit sich selbst ausmachen. Sie ziehen sich zurück und grübeln über das Problem, über den Verlust … oft tage-, wochen-

und monatelang. Aber sie reden nicht darüber, weil sie unbewusst nicht schwach erscheinen wollen. Das gehört sich nicht für einen Mann – so wurde es ihm beigebracht. Das liegt in seiner Natur. Ein Mann verarbeitet vieles eher in der Stille und für sich selbst. Wenn er über Probleme reden muss, hat er den Druck, eine Lösung zu präsentieren. Männer sprechen erst dann, wenn sie Lösungsvorschläge haben. Aber weil es beim Verlust eines Kindes keine Lösung gibt, ziehen sie sich zurück und schweigen.

Gegenseitiges Verständnis ist sehr wichtig. Ich hoffe, meine lieben Frauen, dass ihr euren Mann jetzt besser verstehen könnt. Er trauert genauso, er verarbeitet nur anders als ihr. Mir ist bewusst, das trifft nicht auf jeden Mann und jede Frau zu. Doch es sind sehr viele und das Problem wiederholt sich fast identisch immer und immer wieder. Mein Wunsch ist, dass viele Herzen von Eltern heilen können, die ein Kind verloren haben. Ich wünsche allen viel Kraft und das Wissen, dass wir in der geistigen Welt weiterleben.

Wie erkenne ich ein gutes Medium?

Auf meiner Homepage habe ich dazu einen Leitfaden veröffentlicht, weil mir diese Frage sehr oft gestellt wird und sie nicht so einfach zu beantworten ist. Denn ein Medium kann für dich gut sein, während es für einen anderen nicht ideal ist. Wichtig ist mir auch, es gibt viele sehr gute Medien, die nicht so bekannt sind oder keine Bücher geschrieben haben, daher achte bitte nicht unbedingt auf den Bekanntheitsgrad. Ehrlich sei auch erwähnt, nicht jeder, der bekannt ist, ist zwingend ein guter Therapeut, vielleicht schafft er es einfach, die Menschen gut zu unterhalten. Also lass dich nicht täuschen.

Ich habe viele Medien ausgebildet und einige sind eindeutig die besseren Therapeuten für Einzelberatungen als ich, weil sie feinfühliger sind oder einfach andere Qualitäten haben. Dahingegen wirken sie vielleicht nicht so kompetent auf der Bühne oder bei öffentlichen Demonstrationen, weil diese Arbeit noch einmal anders ist. Darauf werde ich später noch eingehen. Achte bitte nicht darauf, ob jemand bekannt ist, sondern sieh dir die folgenden Punkte an, betrachte sie als Leitfaden und nicht als allgemeingültige Regel. Es soll eine Hilfestellung sein, dich zu orientieren, ein gutes Jenseitsmedium zu finden. Achtung, es geht nur um Medien für Jenseitskontakte.

Punkt 1: Seriöse langjährige Ausbildung

Gute Medien haben fast alle eine Ausbildung genossen. Lass dich nicht mit Aussagen um den Finger wickeln wie: »Ich brauche keine Ausbildung, ich bin von klein auf medial.« Ich bilde selber Medien aus und alle an meiner Schule sind von klein auf medial. Trotzdem ist keiner darunter, dem eine Schulung nicht hilft, vor allem auch damit er lernt, Phantasie und Realität zu unterscheiden. Wenn ich von Ausbildung spreche, meine ich eine, die mindestens vier Jahre dauert – nicht zwei oder drei Wochenenden.

Lass dir auch erklären, welche Schule jemand besucht hat, und wenn du unsicher bist, frage nach, ob und wie lang jemand dort in der Ausbildung war. Oft sieht man schon auf der Schulhomepage, wie lang die Ausbildungen wirklich dauern und wie intensiv der Unterricht ist. Ideal sind Schulen, die eine Abschlussprüfung machen und nicht einfach jeden nehmen, Hauptsache, er ist anwesend und bezahlt. Wenn dir ein Medium diese Informationen nicht geben möchte, dann wäre ich kritisch. Schulen kennen alle ihre Abgänger, wenn sie eine längere Zeit dort waren. Ich zum Beispiel kenne jeden Schüler, der bei mir das Diplom gemacht hat, und gebe gern Auskunft, wenn mich jemand danach fragt.

Punkt 2: Empfehlungen sind wichtig

Höre dich in der Szene um. Über die guten und seriösen Medien wird oft erzählt und sie werden auch empfohlen. Sei kritisch bei Zeitungsinseraten und im Internet. Ebenso ist bei allen Medien, die nur per Telefon arbeiten, eine gewisse Vorsicht geboten. Sicher, es gibt auch dort sehr gute Leute, aber es gibt halt auch viele, die einfach ihr »Sackgeld« aufbessern. Ich persönlich empfehle dir, gehe immer persönlich zum Medium. Über Telefon oder Skype ist es sicher möglich, Kontakt herzustellen, aber dann ist niemand da, der dich physisch auffängt. Sollte ein Medium keine persönlichen Beratungen anbieten, sondern ausschließlich über Telefon oder Skype arbeiten, frage ich mich, warum er nicht persönlich den Klienten in die Augen schauen will/kann. Wie gesagt, sicher gibt es da auch Ausnahmen, doch ich wäre sehr vorsichtig.

Punkt 3: Die Geld-zurück-Garantie

Seriöse Medien geben dir eine Geld-zurück-Garantie. Ein gutes Medium weiß, dass es nicht immer alles gleich gut sieht und auch mal einen schlechten Tag hat oder dem Klienten einfach nicht helfen konnte. Als ich noch Einzelberatungen gab, war es für mich selbstverständlich, eine Geld-zurück-Garantie anzubieten. Ich will helfen und Heilung geben, aber das ist nicht immer möglich. Lass dich nicht verwirren durch Aussagen wie: »Sie bezahlen mich für meine Zeit und nicht für meinen Erfolg.« oder so ähnlich. Wer gut ist, muss sich nicht für Zeit bezahlen lassen, sondern für Qualität. Auch ich musste schon einigen Klienten das Geld zurückgeben, weil die Sitzung nicht so gelaufen ist, wie ich und der Klient es sich wünschten. Das einzig Faire ist, ihn nicht bezahlen zu lassen und sich zu entschuldigen. Ich darf schlechte Tage haben, aber ich sollte mich nicht für schlechte Tage und schlechte Arbeit bezahlen lassen.

Punkt 4: Achte auf dein Bauchgefühl!

Wenn du ein komisches Gefühl hast oder ein Medium dir unsympathisch wirkt, gehe nicht zu einer Sitzung. Achte immer auf dein Bauchgefühl. Egal wie gut das Medium ist, wenn du dich nicht wohlfühlst, dann geh nicht zu einer Beratung. Schau dir das Foto vorher an, sieh dir eventuell Videos an oder geh zu einem Vortrag. Ich persönlich halte mich ja für ein sympathisches Kerlchen, aber es gibt einige Leute, die können mit meiner Art überhaupt nicht. Für einige ist meine Sprache zu hart, meine Ansichten zu krass und meine Nase zu groß. Das ist absolut in Ordnung. Wichtig ist, suche dir jemanden, der dir sympathisch ist, weil du dann auch viel besser die Dinge annehmen kannst, als wenn deine Antipathie gegen das Medium kämpft.

Punkt 5: Wartezeiten sind ein Zeichen für Qualität

Der schnelle Termin ist oft ein Zeichen dafür, dass ein Medium keine Klienten hat. Viele wollen natürlich schnell einen Termin, das kann ich absolut verstehen. Doch bedenke: Alle, die wirklich gut sind, haben oft enorme Wartelisten. Natürlich ist das nicht immer ein klares Indiz, aber ein Hinweis. Es kann gut sein, dass du drei bis acht Monate oder länger warten musst. Sei geduldig, es lohnt sich dann meistens. Die schnelle Nummer kann gut sein, aber oft gibt es Gründe, warum jemand viele freie Termine hat.

Spuk und Geister

Jetzt kommen wir zu einem meiner Lieblingsthemen. Ich glaube, es gibt kaum ein anderes Thema, auf das ich so oft angesprochen werde wie auf Spuk und Geister, die umherirren. Als 2013 ein Produzent von SAT1 Schweiz bei einem Vortrag von mir war, wollte er danach unbedingt eine TV-Sendung mit mir machen. Für uns war klar, wir wollten reale Einzelberatungen zeigen, bei denen ich Jenseitskontakt herstelle zu Menschen mit verschiedenen Schicksalen. Beim ersten Meeting war dann die Regisseurin anwesend und meinte: »Lass uns lieber eine Sendung über Spuk machen, du gehst an Spukorte und erzählst, was du dort wahrnimmst. Das verkauft sich gut, das lieben die Menschen. Die stehen auf solche Horrorgeschichten.«

»Ja, das weiß ich, aber das mache ich nicht. Es gibt zwar Spukphänomene, aber keinen bösartigen Spuk! Sorry, aber dann bin ich nicht dabei.« Sie war entsetzt, weil sie natürlich dachte, ich mache alles, damit ich ins Fernsehen komme. Dafür jedoch ist mir meine Arbeit viel zu wertvoll, als dass ich den Menschen zusätzliche Angst mache, in irgendwelchen Gängen und Kellern herumschleiche und so tue, als wäre dort etwas ganz Mystisches im Gange. Ich gebe aber gern zu, als ich meine Medialität entdeckte und oft mit Rahel unterwegs war, dass wir damals viele Stunden auf dem Friedhof, an Spukorten, in Burgen, Schlössern und Kellern verbracht haben. Ich war fasziniert von dem Thema und es hat auch heute noch einen Reiz für mich.

Beispiel

Letztes Jahr war ich in Schottland, in Edinburgh, habe davon Fotos auf Instagram gepostet und viele schrieben mir: »Cool, du musst unbedingt gut schauen, dort spukt es enorm.« Ich musste lachen über die Kommentare. Aber was habe ich gemacht, ich habe mich extra zu einer Spuktour angemeldet, ich wollte nach all der Zeit endlich mal richtigen Spuk erleben. Ob ich ihn gefunden habe, wirst du noch erfahren.

Ich muss dazu sagen, ich glaube an Spukphänomene, dass Licht ausgeht, Geräte sich ein- und ausschalten, Dinge hinunterfallen, Klopfgeräusche, Knacken und so weiter. Das habe ich schon sehr oft erlebt. Aber woran ich nicht glaube und es auch noch nie gesehen habe, ist, dass diese Phänomene von bösen Geistern, Dämonen oder Ähnlichem ausgelöst werden. Das ist einfach Hollywood oder auch ein paar Kollegen, die dazu beitragen, dass solche Geschichten sich hartnäckig halten. Erinnere dich an den Unterschied zwischen Sensitivität und Medialität. Im Grunde ist alles leicht zu erklären und zu entzaubern. Nähern wir uns also Schritt für Schritt dem Spuk anhand meiner Spuktour durch Edinburgh.

An einem Abend im Dezember 2017 ging es los, das Wetter war passend, es regnete. Wir hatten uns extra für die deutsche Tour angemeldet, damit wir auch alles genau verstehen. Ich musste natürlich meiner Freundin versprechen, ihr sofort Bescheid zu geben, wenn ich etwas sehe. Die Tour begann bereits lustig, es waren Menschen aus Deutschland und aus der Schweiz dabei und einige erkannten mich, das sorgte später natürlich auch für unser Spukphänomen. Wir besuchten viele schaurige Orte in Edinburgh, zum Beispiel einen Platz, an dem früher die Menschen gehängt wurden. Medial sah ich dort keine Seelen, aber man konnte einen starken Druck auf der Brust spüren. Wenn man feinfühlig ist, springt natürlich unsere Hellfühligkeit sensitiv sofort an. Die Geschehnisse waren dort an dem Ort gespeichert, weil wirklich viele Menschen gehängt wurden. Natürlich spürten einige diesen unangenehmen Druck, auch weil unsere Führerin einen guten Job machte. Sie erzählte so lebendig, dass man wirklich das Gefühl bekam, das Erzählte passiere gerade.

Außer der Abspeicherung der dortigen Ereignisse konnte ich nichts wahrnehmen. Keine Geister, keine Verstorbenen, keine Seelen. Natürlich kann es geschehen, wenn man dort hellsichtig schaut, dass man auch die Galgen oder gar die Gehängten sieht, aber nur, weil man die Energie des Ortes liest und nicht, weil diese geistig immer noch dort hängen. Ein Medium, das den Unterschied nicht kennt, würde sagen: »Dort sind noch Seelen, die nicht ins Licht konnten und umherirren!« In Wirklichkeit ist es aber nicht so, das war dann kein Medium, sondern ein Sensitiver und sensitiv sind alle Menschen. Einige sogar sehr stark, deswegen nehmen auch viele nicht mediale Menschen solche Dinge wahr.

Die Tour ging weiter, zu verschiedenen anderen Orten, doch dort war außer den Geschichten nichts Spannendes zu entdecken. Dann ging es in den Untergrund von Edinburgh. Eine steile Treppe führte unter die Stadt, hier gab es enge Gänge, die nur mit Kerzen beleuchtet waren, immer mal wieder ein Raum und zu jedem Raum gab es eine Spukgeschichte. Früher zogen sich viele Verbrecher, Obdachlose und so weiter in die Untergründe von Edinburgh zurück und wohnten oder versteckten sich dort. Etliche unserer Gruppe bekamen ein stark beklemmendes Gefühl, doch das ist zu 90 % psychologisch zu erklären. Es war dunkel, mystisch und die meisten sahen schon zu viele Horrorfilme, da wurden natürlich bei allen die unbewussten und bewussten Ängste aktiviert. Logisch hatten viele Beklemmungen, auch die engen Gänge taten ein Übriges, Platzangst sei gegrüßt. Natürlich konnte man dort unten auch – sensitiv gesehen – die Emotionen der Menschen fühlen, die hier unter widrigen

Umständen gelebt haben. All die Wut, Hass, Sorgen, Gewaltbereitschaft, Angst und vieles mehr – diese Mischung ergab natürlich von sich aus bereits eine sehr unangenehme Energie. Dazu kam die Angst einiger Besucher. Immer wieder sahen Menschen aus der Gruppe zu mir, ob ich noch ruhig war oder schon in Panik davonlaufe, weil ich Geister sehe. Aber ich lächelte und war entspannt. Daher blieb auch die Gruppe relativ ruhig. Ich nahm zwar sensitiv viel wahr, auch Szenen von früher, doch war ich mir immer bewusst, dass ich nur die Geschehnisse lese und keine Seelen oder Geister sehe.

Gegen Ende gab es dann noch einen Höhepunkt. Die Führerin führte uns alle in einen engen dunklen Raum. Es gab nur einen kleinen Eingang und dann begann sie: »Dort drinnen spukt es gewaltig, deswegen komme ich nicht mit hinein und bleibe am Eingang stehen. Hier im Raum werden viele Besucher berührt und es gibt sogar einige, die hinterher Kratzspuren haben.« Sie hat das wirklich sehr spannend gemacht, sogar ich hatte kurzweilig ein kleines mulmiges Gefühl, aber auch, weil mich die restliche Gruppe anstarrte. Es hatte wohl die Runde gemacht, wer da mit ihnen auf Tour war. Das mag vielleicht manchmal der Nachteil sein, wenn man öfter im Fernsehen auftritt. Ich konnte im Raum nichts erkennen, es war alles wie in den Räumen und Orten zuvor und ich hatte mich wirklich darauf eingelassen. Als wir dann langsam wieder hinausgingen,

konnte ich es mir nicht verkneifen und habe meine Freundin vorausgeschickt, dann erst ging ich langsam zum Ausgang. Zwei Meter vorher rannte ich plötzlich los und hinaus. Was passierte jetzt? Fünf Menschen hinter mir begannen zu schreien und rannten wie verrückt hinter mir her. Ich stand lächelnd draußen und fragte: »Na? Hat es gespukt?«
»Nein, aber du bist gerannt und da dachten wir, es muss etwas sein.«
»Oh, sorry, ich wollte mir nur die Beine vertreten.«
So schnell entsteht Spuk. Nachher, als wir noch im Pub saßen und ich auf dem Klo war, erzählten sie: »Am Ende, als schon fast alle draußen waren, wurden wir berührt. Wir haben es alle bemerkt und sind hinausgerannt!« Auf einmal hatten sie doch etwas gespürt. Doch als ich von der Toilette zurückkam, war bei ihnen der Spuk schon wieder vorbei. Ich weiß natürlich nicht, ob sie wirklich etwas gespürt haben, ich weiß aber, dass dort nichts war. Und ich weiß, dass wir bei starken Ängsten Dinge spüren, die nicht real sind, und uns Dinge einbilden, die wir als wirklich real wahrnehmen.

Bei den meisten Spukorten, die ich untersucht habe, war das Problem nichts Außersinnliches, nicht einmal auf der sensitiven Ebene, sondern die Leute hatten sich so reingesteigert, dass sie das Gefühl hatten, ihre Phantasien seien echt. Viele berichten mir immer wieder, sie wären gewürgt worden oder ein Geist hätte auf ihrem Brustkorb gesessen und sie hätten kaum noch Luft bekommen. Viele erleben so etwas auch im Schlaf und beim Aufwachen. Doch jeder, der sich ein bisschen mit Panikattacken auskennt, weiß, dass hier kein Geist am Werk war, sondern dass diese Menschen eine Panikattacke erlebten. Für die Betroffenen fühlt sich das, was sie beschreiben, vollkommen echt an, sie lügen oder spinnen nicht. Aber es ist kein Geist am Werk, nur eine Panikattacke. Die meisten, denen ich das dann erkläre, wollen es natürlich nicht hören, das verstehe ich irgendwie. Doch meistens sind es Leute, die sehr viele Angstmuster haben, tief religiös sind oder spirituell. Aber in so einem spirituellen Modus, dass sie sich ständig schützen und abgrenzen müssen von all den negativen Energien. Das sind eigentlich Anzeichen, dass hier Angst vorherrscht und diese dann zu solchen Attacken führt. Ist ein Mensch sehr unstabil, psychisch nicht im Gleichgewicht und hat unbewusst oder bewusst sehr viele Ängste, dann werden auch Bilder aus dem Unterbewusstsein aktiviert, die nicht real sind, sondern eher der Phantasie entspringen. Für die Menschen selbst fühlen sie sich aber vollkommen real an, deswegen ist es auch so schwer, ihnen das Ganze logisch zu erklären. Ich denke, du kennst solche Situationen. Stell dir vor, du bist allein zu Hause, es ist ganz still, am besten noch dunkel, plötzlich hörst du viele Geräusche, die natürlichen Ursprungs sind, aber dir nun Angst machen und dich verunsichern, weil du sie sonst im Alltag nicht wahrnimmst. Auch spukt es bei den meisten in der Nacht, wenn sie allein sind. Dabei sind Verstorbene oder Geistwesen nicht wirklich nachtaktiv, auch nicht um Mitternacht. Da werden einfach unsere Urängste aktiviert.

Natürlich gibt es echte Spukphänomene, die einem wirklich Angst machen und die einen verunsichern können. Doch bis jetzt waren es bei allen und es waren wirklich sehr viele Phänomene, die ich erlebt habe, Verstorbene. Früher bin ich sogar oft zu Menschen gefahren, die dachten, bei ihnen spuke es, aber auch dort war immer ein lieber Verstorbener der Auslöser. Wie kommt es dazu? Wenn jemand stirbt, machen wir oft den »Fehler« und wünschen uns so sehr ein Zeichen vom Verstorbenen. Dass er noch da ist oder dass es ihm gut geht. Die Verstorbenen möchten uns ja Zeichen geben, aber was sollen sie machen? Sie können keinen Brief mehr schreiben oder dir sagen: »Bei mir ist alles gut, ich lebe noch, einfach an einem anderen Ort, mach dir keine Sorgen.« Das geht nicht, aber sie können zum Teil auf elektromagnetische Felder, Elektronik oder auf Dinge, die unter Spannung stehen, Einfluss nehmen. So können sie Zeichen geben, zum Beispiel wie Licht flackern oder Geräte ein- und ausschalten oder Klopf- oder Knackgeräusche. Aber das sind keine bösen Geister oder wirklicher Spuk, sondern verstorbene Angehörige, die uns mitteilen möchten, dass sie noch da sind. Natürlich können solche Phänomene Angst machen, zum Beispiel wenn Gegenstände hinunterfallen oder Ähnliches. Eigentlich muss man sich dann nur fragen, wen habe ich um ein Zeichen gebeten oder wer ist schon gestorben? Wenn man sagt: »Mama, ich habe verstanden, du willst uns ein Zeichen geben, dass es dir gut geht und du noch da bist«, dann hört der Spuk meistens sofort auf.

Die wahrgenommenen Phänomene müssen im Zusammenhang stehen, das ist sehr wichtig. Wenn es ständig dazu kommt, ständiges Klopfen, ständige Probleme mit elektrischen Geräten, dann liegt es kaum an einem Geistwesen, sondern hat natürliche Ursachen. Was sogar sehr oft der Fall ist. Wenn sich Zeichen wiederholen oder nicht nur einmal auftreten und bei der Bitte, es soll aufhören, es nicht aufhört, dann hat es meistens natürliche Ursachen.

Wenn es um Kinder mit Wahrnehmungen geht, muss man nur überlegen, wer gerade gestorben ist oder wer von den lieben Verstorbenen noch ein Anliegen hat und eventuell sagen möchte, dass er da sei. Sobald man das herausfindet, ist der Spuk vorbei. Dazu braucht es kein Räuchern oder Rituale oder ein Medium. Man bittet die Person damit aufzuhören, man hätte das Zeichen verstanden.

Manchmal, aber das kommt sehr selten vor, verursachen Geistführer solche Phänomene, wenn jemand zum Beispiel eine sehr starke mediale Veranlagung hat. Die Geistführer wollen dann damit erreichen, dass man sich damit beschäftigt und sein Talent annimmt. Doch auch hier ist nichts Böses, die geistige Führung will nur, dass du auf deinen Weg kommst.

Die Gerüchte, dass in alten Häusern noch Geister herumirren oder dass sich jemand im Haus umgebracht hat oder das Haus auf einem alten Friedhof steht und Seelen keine Ruhe fanden, kann man sofort vergessen. Die Seelen sind alle im Licht. Wenn du dich unwohl fühlst, dann liegt es daran, dass noch Restenergien vorhanden sind, wie zum Beispiel Trauer, Depression, Hass, Wut, vom Vormieter, von den Besuchern auf dem Friedhof oder von dem Ort, der früher dort war. Dann kann man mit Räuchern, Gebeten, harmonischer Musik und energetischem Reinigen Abhilfe schaffen. Es liegt aber nie an Geistwesen, sondern an normalen Emotionen oder Geschehnissen, die dort abgespeichert sind – auch wieder nur auf der sensitiven Ebene und nicht auf der medialen. Eigentlich kann man die beiden Möglichkeiten gut auseinanderhalten: Entweder es ist auf der sensitiven Ebene, und das, was man spürt, sind alte Abspeicherungen. Oder es kommt zu den oben beschriebenen Phänomenen, dann ist es entweder natürlich oder ein lieber Verstorbener schickt ein Zeichen, dass er da ist.

Es gibt auch noch eine dritte Möglichkeit, die aber nur sehr selten auftritt. Man hat herausgefunden, dass Pubertierende, Alkoholiker oder Drogensüchtige oder wenn jemand psychisch sehr instabil ist, manchmal ebenfalls diese Phänomene auslösen können. Dann können sich auch Gegenstände bewegen, Elektrogeräte verrückt spielen oder Ähnliches. Diese Phänomene treten aber nur auf, wenn die Person anwesend ist. Woher kommt das? Dabei ist die eigene Energie so aus dem Gleichgewicht, dass es Auswirkungen hat auf Felder, die unter Spannung stehen, und daraus entstehen diese Spukphänomene. Auch hier ist kein böser Geist im Spiel, da ist nur jemand, der noch lebt und Hilfe braucht. Wenn ich zu einem Spukphänomen gerufen wurde, habe ich es öfter erlebt, dass es im Haushalt einen Teenager gab, der total im Ungleichgewicht war, gestaute Aggression, Frust oder Ähnliches. Das ist für viele unbegreiflich, dass Jugendliche so etwas unbewusst auslösen können. Dann muss man nur den Jugendlichen wieder zur Ruhe bringen, so löst sich das Problem. Ähnlich ist es bei Sucht- oder psychischen Problemen, da muss man sich um die Menschen kümmern und braucht kein Medium. Natürlich wollen viele das nicht einsehen und es ist ja auch schwer zu erklären, wie solche Phänomene entstehen. Ich erzähle hier jedoch nur von meinen Erfahrungen mit solchen Fällen. Ehrlich gesagt, bei krassen Spukfällen war das einer der Gründe oder eben ein Verstorbener, der Zeichen gibt.

Ich wünsche euch allen eine spukfreie Zeit und vor allem keine Angst, wenn solche Phänomene auftreten. Noch nie war ein böser Geist, Dämon oder Ähnliches am Werk und ich habe bereits etliche Spukfälle untersucht. Du wirst aber immer ein Medium finden, das dir tolle Schauergeschichten erzählt und für teures Geld die Geister austreibt. Das funktioniert sicherlich auch, wenn jemand diese Phänomene selbst erzeugt, wenn es aus der Angst/Einbildung kommt oder wenn es ein Zeichen eines Verstorbenen ist, weil der dadurch erfährt, dass das Zeichen nicht erwünscht war. Mir geht es hier jedoch darum, dir deutlich zu machen, dass die Ursache harmlos oder liebevoll gemeint ist und nicht von etwas Bösartigem kommt.

Dämonen und Luzifer

Dämonen

Wenn wir schon von Spuk und bösen Geistern sprechen, dann möchte ich das Thema Dämonen und Luzifer auch noch aufgreifen. Ich habe das zwar schon einmal in einem Buch gemacht, doch einige von euch könnte es interessieren. Sonst kannst du einfach weiterblättern. Oft wird von Dämonen oder gar bösen Besetzungen geredet. Schauen wir uns als Erstes an, was Dämon eigentlich bedeutet: »Dämon« leitet sich von dem griechischen Wort »daimon« ab, was so viel wie »Geist« oder »das Schicksal beeinflussend« bedeutet. Somit liegt im Ursprung dieses Begriffes also nichts Negatives. Der in der philosophischen Ethik verwendete Begriff »Eudämonie« zum Beispiel bezeichnet die Glückseligkeit und kommt aus dem Altgriechischen »eudaimonia« und bedeutet dort wörtlich »einen guten Dämon habend«. Ursprünglich glaubte man, ein Mensch, der Gutes vollbringt und mit sich im Reinen ist, sei von einem guten Dämon gelenkt. Spannend, oder? Von einem guten Dämon gelenkt sein erinnert mich irgendwie wieder an die Schutzengel und Geistführer.

Etwas Interessantes über Dämonen erfuhr ich von einem Schamanen. Ich möchte euch hier eine Geschichte dazu erzählen. Ich schickte vor einiger Zeit eine Schülerin zu einem Schamanen, weil sie eine Heilbehandlung wollte. Da ich keine Zeit hatte und mein schamanischer Freund gerade in der Schweiz war, wies ich sie zu ihm. Nach der Behandlung rief mich meine Schülerin entsetzt an: »Pascal, dein Freund erzählte mir, dass ich voller Dämonen und Besetzungen bin. Ich habe Angst!« Ich rief daraufhin sofort meinen Freund an und bat ihn um Aufklärung, er lachte nur und meinte: »Komm vorbei, ich habe hier noch eine Frau voller Dämonen, schau sie dir an!« Ich ging sofort zu ihm. Dort war eine Dame und mein Freund meinte: »Und, siehst du die Dämonen und die Besetzung?« Aber ich sah nichts. Er meinte: »Schau die Aura an, über der linken Schulter.«

»Da ist kein Dämon, ich sehe nur, dass der zweite Halswirbel verschoben ist und eine Entzündung im Schulterbereich, doch kein böses Wesen oder gar eine Besetzung.« Er lachte und meinte: »Doch, das sind Dämonen! Euer Problem ist, dass ihr euch oberflächlich mit Schamanismus beschäftigt und unsere Dämonen zu euren christlichen Dämonen macht. Für uns ist ein Dämon nichts Schlechtes, kein Teufel, Satan oder gar böses Geistwesen, sondern eine Besetzung von einem Dämon ist eine Krankheit. Wie eben eine Entzündung oder Ähnliches. Aber ihr macht unsere Dämonen zu euren bösen Dämonen. In meiner Kultur kommt niemand in Panik, wenn ich von Dämonen rede, denn sie wissen, dass damit Krankheiten gemeint sind. Doch es gibt zu viele ›Hobby-Schamanen‹, die die Kultur nicht kennen und so natürlich Angst und Schrecken verbreiten.« Auf einmal verstand ich: »Aber warum hast du meiner Schülerin das nicht gesagt und ihr Angst gemacht?«

»Oh, das mache ich sonst nicht, aber ich wollte dir noch etwas beibringen, mein Freund. Und so bleich, wie du hier ankamst, ist es mir gelungen. Du hast ja wieder Blut im Gesicht.«

Für mich war das wirklich enorm hilfreich und mir wurde bewusst, dass im Ursprung aller Geschichten nie böse Geister oder Dämonen gemeint waren, wenn man von Besetzungen spricht, sondern Krankheiten.

Luzifer

Nun möchte ich noch die Geschichte über Gott und Luzifer genauer anschauen. Ich gebe zu, dass das eine ein bisschen gewagte These ist, die ich vertrete. Als Gott die Engel schuf, war der Erzengel Luzifer der schönste und größte von allen. Der Name »Luzifer« bedeutet: »Lichtträger/Lichtbringer«.

Wir wissen, dass Gott Luzifer aus dem Himmel verstieß und verbannte. Spannend finde ich jedoch, dass sich die Quellen nicht einig sind, ob er auf die Erde verbannt wurde oder wirklich in die Hölle. Oder dass die Geschichte immer anders erzählt wird und man nicht genau weiß, was vielleicht verändert wurde, damit die Institution Kirche keinen Druck ausüben konnte.

Denn betrachtet man das Ganze unter der Lupe, so wurde uns gelehrt, dass Gott allwissend und bedingungslose Liebe sei. Würde ein barmherziger liebender Gott wirklich ein Wesen erschaffen, das später dann seine Schöpfung, die Welt, mit Hass, Leid und dem Bösen erfüllt? Ist das zu verstehen? Ist er doch nicht allwissend? Meiner Meinung nach wäre es sinnlos, außer Gott hatte etwas anderes vor.

Betrachten wir das Ganze mal von einer anderen Seite. Ich glaube, dass Gott und Luzifer enge Freunde sind. Ich weiß, das hört sich jetzt für einige extrem an, das kann ich verstehen, aber ich glaube, dass Gott allwissend ist und er in seiner Schöpfung keine Fehler macht. Er würde nicht aus Versehen Luzifer erschaffen, auch wenn es danach aussieht. Gott würde sich nicht auf solch ein Katz-und-Maus-Spiel einlassen. Ich traue Gott mehr zu als so ein Spiel.

Auch finde ich die These lustig, die erzählt wird, dass Luzifer den Erdenfrauen verfiel und durch seine »sexuelle Lust« aus dem Himmelreich verbannt wurde. Das hört sich für mich wieder so an, als wollte uns jemand mit dieser Geschichte beibringen, dass Sex und Lust etwas Schlechtes seien.

Außerdem dürfen wir nicht vergessen, dass Luzifer als Erzengel geschaffen wurde. Er war somit ein Geistwesen/Engel, Geistwesen haben keinen Körper und leben in der bedingungslosen Liebe. Wer keinen Körper hat, kann auch nicht der sexuellen Lust verfallen. Das können nur wir, die wir einen Körper haben. Also können wir diese These streichen.

Was könnte aber wirklich die Aufgabe von Luzifer sein? Ich bin davon überzeugt, dass sein Name »Luzifer«/»Lichtbringer« kein Versehen war. Es gibt sogar eine vorchristliche Überlieferung in alten östlichen Schriften, in denen gesagt wird, dass Luzifer einer der sieben Engel des Sonnensystems ist. Er galt als Wächter der Venus, die damals als heiligster aller Planeten angesehen wurde.

Eines Tages suchte Gott einen Engel, der auf die Erde hinabsteigen sollte, um den Menschen dort zu helfen. Es ist keine Rede von Rebellion oder Auflehnung, sondern Gott suchte einen Freiwilligen. Luzifer wollte die Aufgabe übernehmen, er wird als der größte und schönste Engel beschrieben, somit war klar, dass er dieser Aufgabe gewachsen war. Seine Aufgabe bestand darin, den Menschen in ständige Versuchungen zu bringen, um das Bewusstsein und die Spiritualität der Menschheit zu fördern. Entgegen dem ursprünglichen Verständnis wurde Luzifer jedoch im Bewusstsein der Menschheit verteufelt. Der einstmals göttliche Funke dieser Aufgabe wurde verschüttet und nicht mehr erkannt, was jedoch noch einem anderen Sinn entsprach. Denn wo die Dunkelheit herrscht, kann der Mensch den Schatten wieder von

Neuem belichten, was ihm durch Annahme des Schattens Wachstum und Transformation einbringen kann.

So kann zwar Luzifer als Widersacher aufgefasst werden, der sich den göttlichen Schöpfermächten entgegenstellt, aber er fördert durch diesen Widerstand zugleich die Entwicklung, indem er dem Menschen die Freiheit und die moralische Erkenntnis bringt. Er darf also nicht einseitig als böse betrachtet werden, denn nur durch ihn können die Menschen das Gute und Gott erkennen. Würde es uns nur gut gehen und alles ideal ablaufen, würden wir wohl nicht an uns arbeiten und das Schöne und Göttliche nicht zu schätzen wissen. Wir würden stehen bleiben und könnten uns nicht weiterentwickeln.

Natürlich besteht dadurch auch die Gefahr, dass Menschen der Versuchung verfallen, aber er gibt uns die Wahl. Andersherum finden, dank Luzifer, viel mehr Menschen den Weg zu Gott oder dem Göttlichen, somit würde sein Name, der »Lichtbringer«, wieder Sinn ergeben.

»Böse« wird der Mensch, wenn er sich einseitig den durch Luzifer erregten sinnlichen Begierden willenlos hingibt. Luzifer bewirkt Gutes, wenn die Menschen durch ihn, den »Lichtträger«, das Licht der Weisheit und den Sinn für die Schönheit der sinnlichen Welt erkennen. Alle Wissenschaften und Künste sind eine Gabe Luzifers – ebenso wie alle auf Wissen gegründete moralische Erkenntnis. Ohne ihn gäbe es die menschliche Kultur nicht. Ohne das Dunkle gäbe es kein Licht oder nichts Gutes! Beziehungsweise wir könnten es einfach nicht erkennen.

Wichtig, der Teufel ist kultureller Aberglaube und hat nichts mit Luzifer zu tun, auch wenn der Teufel und Luzifer oft so genannt werden, als wäre es derselbe. Doch den Teufel gibt es nicht. Er diente nur dazu, die Menschen zum Guten zu »zwingen«, dafür brauchte man den Teufel. Ich wollte dir mit diesem Kapitel erklären, dass du keine Angst haben musst, es gibt keine bösen, negativen Bewohner in der geistigen Welt.

Träume

Kommen uns die Verstorbenen im Traum besuchen? Ja, das ist sogar sehr oft der Fall. Aber wie kann ich unterscheiden, wenn ich von einem Verstorbenen träume, ob er mich dann wirklich besuchen kam oder ob mein Unterbewusstsein etwas verarbeitet und ich deswegen von ihm träume? Diese Frage ist nicht so leicht zu beantworten. Viele Seminarteilnehmer erzählen mir ihre Träume und wollen dann wissen, ob der jetzt »echt« war oder was er zu bedeuten hat. Ich enttäusche dann immer alle: »Ich weiß es nicht, ich kann dir das nicht sagen.« Warum nicht? Ich weiß, dass wir in der Nacht oft Kontakt zu Verstorbenen oder Geistführern haben, aber wenn ich zu dem Zeitpunkt nicht bei der Person bin, kann ich nicht hellsichtig schauen, ob da wirklich ein Geistwesen ist oder ob der Seminarteilnehmer nur träumt. Viele unserer Träume sind einfache Verarbeitungsträume oder normale Träume.

Ein paar Anhaltspunkte gibt es jedoch, wie man selbst erkennen kann, ob es nur ein Traum war oder ob man wirklich Besuch hatte: War der Traum sehr real, sehr farbig und klar im Bild, blieb er stark in Erinnerung und war das Grundgefühl ein schönes, hast du dich geborgen gefühlt und war ein schönes Erlebnis – dann hattest du wahrscheinlich richtigen Besuch. Fühlte er sich hingegen wie ein normaler an, hattest du Angst oder destruktive Botschaften bekommen, zum Beispiel erscheint dir der Verstorbene sehr traurig, oder ihm geht es nicht gut, dann verarbeitet dein Unterbewusstsein etwas, zum Beispiel deine Sorgen und Ängste. Das ist ein normaler Traum.

Aber warum träumen so viele Menschen von den Verstorbenen? Weil das eines der häufigsten Zeichen ist, die Angehörige bekommen. Im Schlaf ist unser Tagesbewusstsein ausgeschalten, wir analysieren und filtern dadurch nicht. So ist es für den Verstorbenen oder auch für Geistführer viel leichter, in unser Bewusstsein einzudringen und uns Botschaften zu überbringen. Viele Menschen haben im Traum Kontakt zu Verstorbenen oder zu Geistführern und wissen es am Morgen nicht mehr. Daher, auch wenn du nie bewusst davon geträumt hast, ist ein Kontakt möglich.

Ich bin überzeugt, dass wir uns regelmäßig mit unserem geistigen Team, Geistführer austauschen. Nur meistens wissen wir das nicht mehr, weil wir uns zu diesem Zeitpunkt in einer Tiefschlafphase befinden. Du kennst das sicher, du hast ein Thema, etwas, was dich beschäftigt, und am nächsten Tag ist dieses Thema oder Problem nur noch halb so groß oder weg. Jedenfalls belastet es dich weniger oder nicht mehr. Ich denke, das ist genau dann, wenn wir uns ausgetauscht haben mit unserem geistigen Team und dort eine Antwort erhalten haben. Das geschieht natürlich sehr unbewusst. Jeder Mensch, egal ob er daran glaubt oder nicht, hat diese nächtlichen Kontakte. Doch wie gesagt, um diese persönlichen Erlebnisse zu bestätigen, ob sie real waren oder nur ein Traum, müsste ich im Moment des Traumes am Bettrand sitzen und das Ganze beobachten. Das ist leider nicht möglich. Also, wenn du einen Traum hast, der sich wirklich speziell und auch gut anfühlt, der dir Kraft und Mut gibt, kannst du dir relativ sicher sein, dass du liebevollen Besuch aus der geistigen Welt hattest.

Wiedergeburt und Reinkarnation

Um besser zu verstehen, warum manche Kinder früh sterben, müssen wir wissen, dass wir mehrmals wiedergeboren werden. Dieser Prozess der Wiedergeburt ist notwendig, weil die Seele gewisse Erfahrungen machen muss. Für mich war die Wiedergeburt lange Zeit ein sehr schwieriges Thema, welches ich kaum nachvollziehen konnte. Als ich noch in der Ausbildung zum Medium war, habe ich viel darüber gelesen, aber etliches hat mich eher verwirrt. So entstand in mir langsam die Frage: Wie kann ein Medium mit Verstorbenen in Kontakt treten, wenn die Seele vielleicht schon wiedergeboren wurde? Das war für mich ein ziemlicher Widerspruch. Ich wusste, dass es vergangene Leben gab, ich hatte sie – ähnlich wie bei mir selbst – schon manchmal bei meinen Freunden hellsichtig wahrnehmen können. Und ich wusste auch, dass ich mit Verstorbenen kommunizieren kann und das zum Teil Jahrhunderte zurück. Daher verstand ich es zunächst nicht, dass die Seele eine gewisse Zeit in der geistigen Welt bleibt und dann wieder inkarniert. Irgendetwas musste anders sein. Ich erinnere mich noch, dass ich damals meinem Lehrer diese Frage gestellt habe und er mich mit einem »Finde es heraus!« wieder auf mich selbst verwies. Seine Antwort hat mich damals ziemlich genervt, doch heute sage ich dasselbe meinen Schülern.

Danach habe ich mich vier Monate meditativ mit meinem Geistführer verbunden, bevor ich eine sehr spannende Theorie vor Augen hatte. Wie gesagt, ich habe vier Monate gebraucht, um den kompletten Vorgang zu verstehen und dann auch so zu verarbeiten, dass ich ihn weitergeben kann. Das Resultat nannte ich »Brotteigtheorie«. Das ist ein komischer Name, ich weiß, aber für mich ist es wichtig, alles so einfach wie möglich zu beschreiben. Gerade komplizierte Vorgänge versuche ich immer, in passenden und anschaulichen Bildern zu erklären.

Eventuell kennst du meine Brotteigtheorie, ich habe sie bereits in meinen anderen Büchern beschrieben; nach wie vor ist sie für mich sehr schlüssig und stimmt zum größten Teil auch heute noch. Vor einiger Zeit fiel mir ein Buch eines anderen Autors in die Hände. Während ich las, was er über die Wiedergeburt schrieb, ergab das alles überhaupt keinen Sinn für mich. Obwohl von einem bekannten Autor beschrieben, war ich ziemlich skeptisch. Ich habe früh gelernt, meinen eigenen Erfahrungen zu vertrauen und nur das als »Wahrheit« anzunehmen, was ich selbst wahrnehme – jenseits dessen, was in Büchern steht oder was mir meine Lehrer erzählen. Dazu fordere ich meine Schüler immer wieder auf, wie auch dich, lieber Leser. Nimm wirklich nur das an, was sich für dich richtig anfühlt, den Rest lass weg – das ist der Schlüssel für deinen Erfolg. Ich selbst kenne für mich die absolute Wahrheit. Ja, das ist so. Aber es ist nur meine persönliche Wahrheit, und das heißt nicht, dass sie auch für dich richtig sein muss.

Das vorhin erwähnte Buch war für mich jedoch von anderer Seite her sehr positiv, denn ich konnte so alles noch einmal aus einer anderen Perspektive betrachten und sogar Unstimmigkeiten in meiner Brotteigtheorie feststellen. Ich merkte, dass ich viele Dinge nicht schlüssig erklären konnte, und bat deshalb meinen Geistführer, er möge mir helfen, die Brotteigtheorie noch verständlicher zu gestalten.

Kurz darauf begann ich, ein Bild zu zeichnen. Zehn Minuten später war es fertig und auf einmal war mir alles klar. Überglücklich schrie ich auf: »Schatz, ich habe die Theorie komplett, jetzt ergibt alles Sinn!« Meine Freundin schaute mich ziemlich erstaunt an. Ich redete drauflos, doch sie verstand im Moment nur Bahnhof. So ließ ich ihr eine Pause. Ich gebe es zu, ich vergaß dann, ihr weiter über die Theorie zu erzählen, dafür habe ich ja jetzt dich. Danke, dass du mir zuhörst, denn es ist ein unheimlich spannendes Thema. Du findest auf nebenstehenden Seite die Grafik, die ich damals gezeichnet habe, mit ihr ist es leichter zu verstehen. Am besten, du betrachtest immer wieder die Grafik, während ich die Wiedergeburt erkläre. Das Thema ist schwierig, ich habe jedoch versucht, es so einfach wie möglich darzustellen.

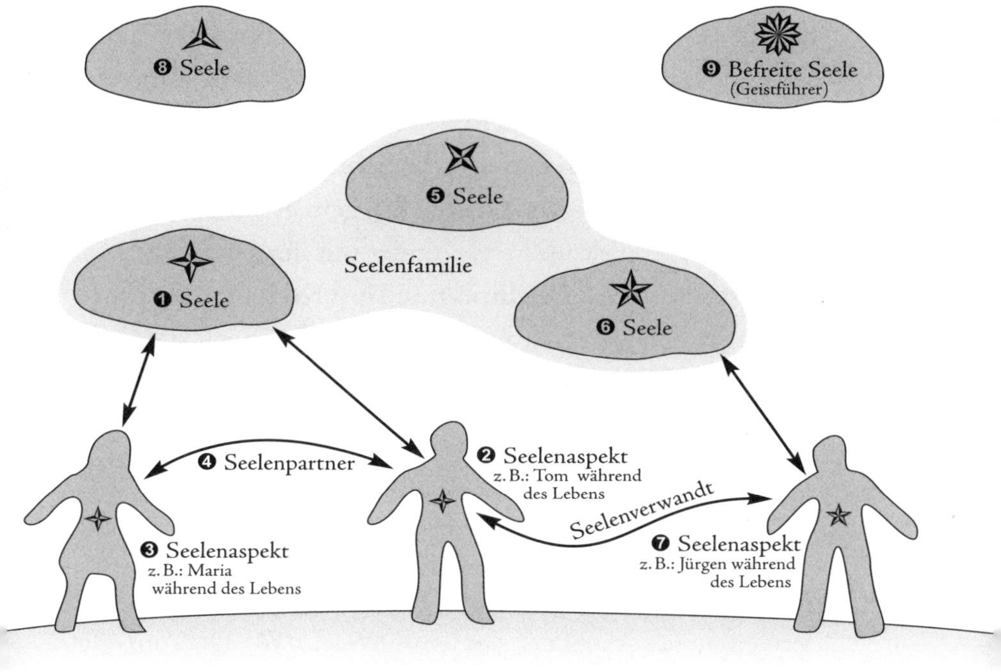

Die Hauptperson in dieser Grafik ist Tom. Toms Seele ist und bleibt für immer in der geistigen Welt (❶), und wenn Tom geboren wird, geht nicht seine Seele in den Körper auf die Erde, sondern nur ein Aspekt von ihr (❷). Stell es dir so vor: Toms Seele (❶) ist ein Brotteig. Aus diesem Brotteig wird ein Teil herausgenommen und ein Brotmännchen geformt (❷). Dieses Brotmännchen heißt dann Tom und ist ein Mensch. Doch obwohl Tom nur ein Aspekt seiner Seele ist, enthält er doch alle Informationen von Tom und der gesamten Seele. Mit anderen Worten: Es ist genau wie bei unserem Körper. Wir wissen, dass in einer einzelnen Zelle die komplette Information für den ganzen Körper gespeichert ist. Toms Seelenaspekt ist im Grunde eine einzelne Körperzelle, in der das komplette Wissen für die Gesamtheit des Körpers beziehungsweise der Seele enthalten ist. Wenn Tom stirbt (❷), geht er wieder zurück in die geistige Welt und verschmilzt mit der Seele (❶).

Nimmt nun ein Medium mit Tom Kontakt auf, kommuniziert es eigentlich mit der Seele (❶), doch da Tom als Individuum in der Seele enthalten ist, kann das Medium den Aspekt von Tom (❷) herauslesen und mit diesem Aspekt allein kommunizieren. Ich hoffe, du kannst mir bis jetzt folgen.

Wenn Tom jetzt wieder inkarnieren würde, inkarniert nicht der gerade besprochene Aspekt von Tom (❷), sondern ein neuer Aspekt der gesamten Seele (❶). Da Tom ein Teil von dieser Seele ist, wird Tom im weitesten Sinn wiedergeboren, weil auch alle Erfahrungen von Tom in den neuen Aspekt mit einfließen. So kann der wiedergeborene Aspekt nicht nur auf Toms Erfahrungen zurückgreifen, sondern zugleich für ihn die karmischen Verstrickungen lösen, an denen Tom gescheitert ist. Deswegen ist es gut möglich, dass wir Talente oder auch Probleme von vergangenen Inkarnationen mit in unser Erdenleben nehmen.

Aber gehen wir noch einmal einen Schritt zurück: Während Toms Seelenaspekt (❷) auf der Erde lebt, kann es sehr gut sein, das gleichzeitig ein weiterer Aspekt seiner Seele (❶) auf der Erde inkarniert ist. Auf der Grafik nenne ich diesen weiteren Seelenaspekt Maria (❸).

Maria hat denselben Ursprung wie Tom und sie hat auch ähnliche Aufgaben auf der Erde zu lösen. Diese beiden Aspekte helfen und ergänzen sich darin, ein bestimmtes Thema für die Seele erfahrbar zu machen und aufzulösen. Ich nenne solche Verbindungen dann Seelenpartner (❹). Das klingt zunächst romantisch, aber betrachten wir es genauer. Es kann sehr gut sein, dass Tom und Maria sich im Leben treffen und eine Beziehung eingehen, meistens sind solche Beziehungen aber nicht immer die leichtesten. Denn die Aspekte inkarnieren, um viele Dinge auf der Erde zu erfahren und zu lösen, und das gelingt oft schneller, wenn es unangenehm ist. Einige denken, mit dem Seelenpartner hat man eine glückliche und friedliche Beziehung, aber meistens ist genau das Gegenteil der Fall.

Möglich ist auch, dass sich die Seelenpartner im Leben nicht kennenlernen, sondern auf verschiedenen Erdteilen leben. Trotzdem haben sie vielleicht zusammen eine Aufgabe, die sie dann jedoch erledigen, ohne einander zu unterstützen und ohne voneinander zu wissen. So kann Tom zum Beispiel eine Friedensbewegung in der Schweiz ins Leben rufen, die sehr erfolgreich wird. Maria erfährt in den USA von Toms Aktivitäten und lässt sich davon für ihre eigene Bewegung in den USA inspirieren. Tom erfährt vielleicht nie von Marias Existenz, obwohl sie eigentlich eng verbunden sind.

Solche Seelenpartner haben wir alle – Aspekte, die wie wir aus derselben Seele kommen und nach unserem Tod wieder zu ihrem Ursprung zurückkehren und miteinander verschmelzen. Einige treffen wir, andere nie, mit einigen führen wir Beziehungen, Freundschaften, Feindschaften oder einfach Bekanntschaften. Je nachdem, welche Aufgabe die einzelnen Aspekte haben. Wie viele solcher Aspekte der Seele (❶) zur selben Zeit mit Tom auf der Erde leben, kann ich nicht sagen, das ist immer unterschiedlich. Es kann keiner sein oder sehr viele und hängt von der Aufgabe ab, die wir vor unserer Geburt gewählt haben. Es muss auch nicht sein, dass wir während des ganzen Lebens mit unseren Seelenaspekten verbunden sind. Einige bleiben ein Leben lang um uns, andere nur wenige Minuten.

Es gibt jedoch in der geistigen Welt noch weitere Verbindungen. So wie wir unseren Brotteig oder eben unsere Seele (❶) haben, gibt es noch weitere Seelen-Brotteige, zum Beispiel ❺ und ❺. Diese beiden sind mit ❶ verbunden und deshalb nenne ich sie Seelenfamilie. Seelen innerhalb der Seelenfamilie haben ähnliche Aufgaben und die geborenen Seelenaspekte unterstützen sich gegenseitig auf der Erde. Oft sind unsere Eltern, Geschwister, Verwandten oder enge Freunde Seelenaspekte von Seelen aus unserer Seelenfamilie. Sie treffen sich im Leben und helfen, dass wir uns weiterentwickeln. So kann Jürgen (❼) zum Beispiel der Vater von Tom (❷) auf der Erde sein.

Des Weiteren gibt es noch Seelen (❽), die nichts mit uns zu tun haben, weder in der geistigen Welt noch als zur gleichen Zeit wiedergeborene Aspekte auf der Erde. Natürlich treffen wir trotzdem solche Aspekte in unserem

Leben, aber sie sind nicht weiter wichtig. Das heißt aber nicht, dass wir mit solchen Aspekten im Leben nicht auch Freundschaften pflegen oder gar eine Beziehung führen, doch handelt es sich dabei dann eher um Zufallsbekanntschaften. Sie können bis zu einem gewissen Grad wichtig sein, aber sind nicht schon von vornherein geplant.

Ich hoffe, du bist noch nicht total verwirrt und kannst mir folgen. Zum Schluss gehe ich noch auf die Geistführer oder die »befreiten Seelen« (❾) ein. Mit befreiten Seelen meine ich Seelen, die ihre Aufgabe bereits gelöst haben und keine Aspekte mehr inkarnieren müssen. Sie sind also von der Wiedergeburt befreit. Diese befreiten Seelen agieren dann in der geistigen Welt als Geistführer und unterstützen Seelenaspekte – wie zum Beispiel Tom (❷) – während ihres Lebens oder auch wenn sie wieder gestorben und zur Seele (❶) zurückgekehrt sind.

Hoffentlich ist die komplexe Geschichte der Wiedergeburt jetzt ein bisschen klarer für dich geworden. Ich brauchte wirklich sehr lange, um sie zu verstehen, und es fällt mir unheimlich schwer, das alles hier so einfach wie möglich zu beschreiben. Doch ich hoffe, dass dir die Grafik zusammen mit meiner Erklärung hilft, es so gut wie möglich zu begreifen.

Kinder mit außersinnlichen Wahrnehmungen

Dazu möchte ich ein paar Tipps geben, die vielen Eltern helfen können, die ein Kind haben, das Verstorbene wahrnimmt. Ich bin bereits vielen dieser Eltern begegnet. Ich spreche hier aus der Erfahrung und auch aus meiner eigenen Kindheit. Doch jedes Kind ist individuell und jedes Kind reagiert anders auf die Tipps. Bei sehr spirituellen Eltern habe ich oft die Erfahrung gemacht, dass die Kinder normal begabt sind, aber die Eltern unbedingt wollen, dass ihr Kind medial veranlagt ist. Manchmal stellte ich dann bei diesen Kinder fest, dass sie keine außersinnlichen Wahrnehmungen hatten, sondern durch den Druck der Eltern krasse Ängste entwickelten, und dass die Wesen, die sie sahen, keine echten Geistwesen waren, sondern Bilder der Ängste aus ihrem Unterbewusstsein. Man darf nicht vergessen, Kinder haben eine wunderbare Phantasie und nicht alles, was sie erzählen, ist real. Häufig ist es eine Mischung aus beidem.

Kinder sind im Normalfall viel stärker mit der geistigen Welt verbunden als Erwachsene, das bedeutet, dass sie noch viel besser die geistige Welt wahrnehmen können. Aber wahrnehmen heißt nicht unbedingt klar sehen. Jedes Kind hat diese Wahrnehmung unterschiedlich stark ausgeprägt und die meisten verlieren sie nach dem siebten Lebensjahr. Das ist normal.

Bitte denke daran, egal ob dein Kind außersinnliche Fähigkeiten hat oder nicht, dein Kind ist genau so, wie es ist, absolut wunderbar! Liebe es so, wie es ist. Jeder Mensch hat einen anderen Lebensplan und nicht bei jedem muss/ist die außersinnliche Wahrnehmung ausgeprägt. Das ist auch nicht nötig. Es ist nur ein Talent, einer kann gut singen, eine andere gut malen und so weiter. Keines ist besser oder größer, es sind einfach Talente und jedes Kind, jeder Mensch ist wichtig und großartig, so wie er ist.

Ständig werde ich darauf angesprochen, welche Fähigkeiten mein Sohn hat. Ich sage dann immer: »Er ist gesund und glücklich, und das ist mir das Wichtigste. Der Rest interessiert mich nicht. Er ist erst fünf Jahre alt und soll seinen Weg gehen und nicht den seines Vaters.« Ich verstehe die Neugierde, doch viele stellen sich vor, dass ich ihn trainiere und fördere. Nein, das mache ich überhaupt nicht. Ich spiele mit ihm, ich lache mit ihm, ich lasse ihn voll und ganz einfach Kind sein. Wenn er etwas wahrnimmt, rede ich mit ihm und dann spielen wir wieder. Das Einzige, was ich versuche, ihm jetzt schon beizubringen, ist richtig zu denken (positiv). Seine Resonanz richtig einzusetzen, doch alles im Spiel und alles Mediale lasse ich weg. Er ist ein Kind.

Natürlich gibt es Kinder, die Angst vor ihrer Wahrnehmung haben, und Eltern, die überfordert sind. Deswegen hier ein paar Tipps, wie man diese leicht selbst auflösen kann. Oft reden Kinder von Schatten oder dunklen Umrissen, die ihnen dann Angst machen, auch den Eltern, weil wir das einfach mit etwas Negativem in Verbindung bringen. Woher kommt das? Ganz einfach, ihr Kind hat außersinnliche Wahrnehmungen. Es kann der Beginn der Hellsichtigkeit sein oder die Hellsichtigkeit ist nicht stark ausgeprägt. In meiner Kindheit konnte ich auch nicht klar sehen, sondern es waren oft einfach Schatten oder dunkle Umrisse. Dann sah ich eine Zeit lang sehr klar, in meiner Jugend kam es wieder vor, dass ich nur Schatten sah, oft im Augenwinkel. Natürlich löst das Angst aus. Das sind aber keine negativen Verbindungen, sondern eine natürliche Hellsichtigkeit, die noch nicht ausgeprägt ist. Sie wird entweder stärker oder verschwindet wieder.

Ist dein Kind unter 16 Jahren, dann erkläre ihm, dass es keine Angst haben muss. Diese Schatten sind keine Dämonen oder Geister, sondern liebevolle Verstorbene, Geistführer. Da das Hellsehen aber nicht klar ausgeprägt ist, sieht man nur Schatten oder Umrisse. Es ist nichts Böses. Viele Kinder haben Ängste in der Nacht oder beim Zubettgehen. Erinnere dich, als du noch Kind warst, hast du nicht auch ab und zu mal das Gefühl gehabt, da steht jemand neben dem Bett oder hinter der Tür? Es war oft nur so ein Gefühl, man konnte nichts klar erkennen. Wenn diese Kinder dann zu den Eltern kommen und sagen: »Mama, da ist jemand im Zimmer!« Was machen die meisten Eltern? Sie gehen vielleicht nachschauen und sagen dann: »Da ist niemand.« Aber genau solche Aussagen nehmen dem Kind das Vertrauen in die eigene Wahrnehmung, jetzt fühlt es etwas oder nimmt etwas wahr, aber ein Erwachsener sagt, da sei nichts. Das führt zu einem Konflikt. Auch dann, wenn ein Kind nicht immer, wenn es solche Aussagen macht, wirklich mit einem Verstorbenen oder Geistführer zu tun hat. Manchmal sind es einfach nur Ängste. Darauf gehe ich später noch kurz ein.

Wie könntest du richtig reagieren? Eigentlich ist es leicht aufzulösen. Denn immer, wenn ich in Gedanken die Verstorbenen und Geistführer bitte, das Zimmer zu verlassen, werden sie es tun. Die Geistwesen um uns sind alle liebevoll. Also, wenn ich sie in Gedanken bitte, alle mögen bitte hinausgehen, dann werden sie das machen. Ich sage zum Beispiel bevor mein Sohn schlafen geht: »Bitte alle Verstorbenen, Geistführer hinaus, Junior braucht seinen Schönheitsschlaf.« Das funktioniert immer. Dann hat er Ruhe. Die Mutter meines Sohnes und ich leben schon länger getrennt, und anfangs wurde er bei ihr immer wach, weinte und hatte Angst, weil er etwas wahrnahm. Ich zelebrierte von klein auf dieses Ritual und er hatte nie Ängste bei mir. Seit das Ritual auch bei seiner Mutter gemacht wird, kann er in der Nacht gut schlafen.

Man kann es je nach Alter anpassen, auch in ein Abendgebet mit dem Kind einbinden, wenn man das möchte. Oder wenn ein Kind kommt und sagt: »Mama/Papa, da ist jemand im Zimmer.« Dann geht man nachsehen und sagt zum Beispiel: »Okay, lass ihn uns fangen und nach draußen oder zur Tür oder zum Fenster hinausschicken.« Das funktioniert und das Kind fühlt sich ernst genommen. Jetzt kommt ein spannender Punkt. Wenn du dieses Ritual gemacht hast, dein Kind schläft danach in Ruhe weiter und fühlt sich wohl, dann hatte dein Kind echte außersinnliche Wahrnehmungen. Hat dein Kind danach immer noch Angst, fühlt es immer noch, dass da jemand ist, dann hat dein Kind normale Ängste. Dann solltest du herausfinden, warum es Angst hat, woher sie kommt. Und manchmal kann nur ein guter Psychologe helfen, wenn diese Ängste sehr stark ausgeprägt sind.

Du wirst sicher auch ein Medium finden, das etwas anderes behauptet. Aber das ist meine Erfahrung. Hier ein paar Gründe, wie diese Ängste entstehen:

1. Das Kind hatte mal Wahrnehmungen, konnte sie nicht einordnen und hat dadurch Angst entwickelt. Doch da sie nach dem obigen Ritual alle weg sind, müsste sich die Angst auflösen. Außer dein Kind hat negative Verknüpfungen gemacht im Zimmer und beim Schlafen. Probiere, eine regelmäßige Schlafroutine einzuführen. Immer derselbe Ablauf. Vielleicht etwas vorlesen bis es einschläft, singen oder etwas Ähnliches. Gib deinem Kind das Gefühl von Geborgenheit. Oft haben diese Kinder einfach zu wenig positive Aufmerksamkeit bekommen oder ohne ein Ritual ins Bett gehen müssen.

Ich finde eine Abendroutine, ein Zubettgeh-Ritual ist wunderbar für Kinder. Natürlich angepasst ans Alter.

2. Das Zimmer ist nicht nur ein Ort der Ruhe, sondern auch öfter eines der Strafe. Manche Kinder hören häufig: »Wenn du nicht anständig bist, dann musst du in dein Zimmer!« Manchmal werden Kinder sogar im Zimmer eingesperrt, bis sie sich beruhigt haben. Was geschieht in diesen Momenten psychologisch betrachtet beim Kind? Es verknüpft das Zimmer mit dem Ort der Strafe. Außerdem, wenn wir ein Kind einsperren, entstehen von sich aus schon Ängste. Dazu kommt, beim Weinen und Schreien werden die negativen Emotionen im Raum verteilt und gespeichert. Im Schlaf sind wir alle sensitiver, Kinder noch stärker. Jetzt wabern aber die destruktiven Emotionen noch im Zimmer herum. Wie soll es zur Ruhe kommen? Das ist kaum möglich. Wie soll ein Kind zur Ruhe finden, wenn das Zimmer ein Ort der Strafe ist? Ich werde später noch in einem anderen Kapitel beschreiben, wie man diese Räume energetisch wieder reinigen kann. Das ist kein Problem. Aber zumeist vergessen wir einfach, was da geschieht. Kinder sind sehr feinfühlig und spüren die destruktiven Emotionen. Das Schlafzimmer sollte ein Ort der Ruhe sein.
3. Viele Kinder können nicht schlafen, weil sich die Eltern streiten. Oft, wenn die Kinder im Bett sind, beginnen im Wohnzimmer die Diskussionen und der Krieg. Kinder bekommen das unbewusst, oft auch

sehr bewusst, mit. Mit der Zeit weiß das Kind, sobald ich im Bett bin, fängt draußen der Krieg an. Das belastet eine Kinderseele enorm. Kinder wollen und wünschen sich nichts mehr als eine harmonische Beziehung zwischen den Eltern. Wenn das nicht der Fall ist, kann ein Kind oft nicht zur Ruhe kommen. Deswegen sollte man sich als Eltern bewusst machen: Entweder wir arbeiten an unserer Beziehung oder wir gehen getrennte Wege. Ich benutze hier extra harte Worte. In den meisten Fällen, in denen ich gerufen wurde, weil Kinder nicht schlafen konnten, wo man an Spuk oder böse Wesen gedacht hatte, war der Grund nichts Außersinnliches, sondern die »bösen« Wesen waren die Eltern und deren Krieg am Abend. Leider wollten das viele nicht erkennen, lieber sollten böse Geister schuld sein, als ehrlich zu sich selbst zu sein.

Du fragst dich jetzt vielleicht, ob du wirklich die Geistwesen so einfach bitten kannst, sie mögen hinausgehen und dann kehrt Frieden ein? Das kann doch fast nicht sein, warum gehen die Verstorbenen nicht von selbst hinaus, wenn sie merken, dass das Kind nicht schlafen kann, wenn sie so liebevoll sind, wie du immer schreibst? Vielleicht hast du dir gerade genau diese Frage gestellt. Lass es mich erklären. Schau, nehmen wir das Beispiel mit der Großmutter. Die will nichts Böses, sie ist nur neugierig, wie es dem Enkel geht, und schaut halt vorbei. Jetzt spürt sie, dass der Enkel sie wahrnehmen kann, vielleicht nicht erkennen, aber wahrnehmen. Nun, was ist ihr Wunsch? Sich auszutauschen, ja vielleicht über den Enkel ein Zeichen weiterzugeben, dass sie immer noch da ist, dass es ein Leben im Jenseits gibt und alles in Ordnung ist. Sie wollen nie etwas Böses, sie wollen sich nur bemerkbar machen, wollen vielleicht auch den Enkel besser kennenlernen. Oder dir einen Tipp oder Botschaft über das Kind zukommen lassen. Vergiss nie, die Verstorbenen lieben uns und haben meistens nicht die Möglichkeit, durch ein Medium in Kontakt mit dir zu treten. Doch jetzt ist hier ein Kind, das offen und empfänglich ist, jetzt möchten sie sich halt mitteilen, aber nicht schaden, nur mitteilen.

Mit dem Ritual wissen die Verstorbenen, dass es dir bewusst ist, dass sie da sind, und da sie keine Angst machen wollen, verlassen sie dann den Raum. Das Ritual sollte regelmäßig gemacht werden, damit sich das Kind ernst genommen fühlt. Die Verstorbenen, Geistführer wissen es bereits beim ersten Mal und sie kommen dann nicht wieder. Aber eben nur, wenn es sich um eine echte Wahrnehmung handelt.

Beispiel

Ich wurde gerufen, weil ein drei Jahre alter Junge nicht schlafen konnte. Er sah immer eine Frau. Als ich dort war und wartete, ob an dem Abend etwas geschieht, sah ich auf einmal die verstorbene Mutter des Vaters. Kurz darauf begann der Junge zu weinen. Die Oma wollte ihm keine Angst machen und versuchte, ihn aus

der geistigen Welt jetzt wie verrückt zu beruhigen, doch das machte dem Jungen noch mehr Angst und er schrie nur noch. Sie wurde immer nervöser und wollte helfen, so wie sie es als Oma im Leben getan hätte. Aber das beunruhigte den Jungen eher mehr. Ich sagte: »Du machst ihm Angst!«
»Ja, aber er weint, ich will ihn trösten.«
»Das ist edel, doch deine Anwesenheit macht ihm Angst. Er kann die Gefühle und deine Präsenz nicht einordnen, und das verunsichert ihn.«
»Ich will doch nur helfen, ich meine es nicht böse.«
»Das weiß ich, du bist eine gute Oma, warte bitte draußen, bis ich komme.« Sie verschwand. Daraufhin beruhigte sich der Junge, schlief ein und friedlich durch. Schönes Beispiel, sie wollte einfach nur liebevoll sein und helfen. Das war ihre Absicht. Draußen nahm ich noch einmal Kontakt mit ihr auf und fragte: »Warum kommst du fast täglich?«
»Weil er jeden Tag Angst hat, ich wusste nicht, dass es wegen mir ist. Verzeiht mir, ich wollte ihm einfach nur das Gefühl geben, er müsse keine Angst haben. Ich wollte nur bei ihm sein, ihm Sicherheit geben. Aber genau das hat ihm wohl Angst gemacht, richtig?«
»Genau!« Sie hatte dann noch eine Botschaft für die Eltern und ab dem Zeitpunkt war Ruhe.

So etwas in dieser Art habe ich immer wieder erlebt. Führe einfach das Ritual durch, dann weißt du, ob es sich um

Geistwesen handelt oder ob andere Ängste im Spiel sind. Verstorbene kannst du immer bitten zu gehen, nicht nur am Abend, sondern immer wenn dein Kind oder auch du etwas wahrnehmen oder sag einfach in Gedanken: »Ich weiß, ihr seid hier, bitte geht aber, danke.« Du kannst ja noch erklären, warum du es möchtest.

So ähnlich teste ich auch alle Kinder, wenn Eltern kommen und sagen: »Mein Kind ist so hellsichtig, was soll ich machen?« Zuerst mache ich immer nachfolgenden Test. Dieser ist leicht, den kann man machen, ob man Medium ist oder nicht. So kann man schnell herausfinden, ob das Kind wirklich etwas sieht, Phantasie hat oder in ganz seltenen Fällen einfach lügt. Ich führe es dir hier an einem Beispiel vor, das ich in Bern vor einem Event erlebt habe. Du kannst diesen Test auch selbst mit deinem Kind machen.

Beispiel

Ich war hinter der Bühne und bereitete mich gerade auf meinen Vortrag vor, draußen warteten schon fast 800 Besucher. Auf einmal kam mein Veranstalter Patric, der auch ein guter Freund ist, zu mir und meinte: »Pascal, ich weiß, es sind nur noch 15 Minuten bis zu deinem Auftritt, doch draußen steht eine Mutter mit ihrem Sohn und macht mich halb wahnsinnig. Sie sagt, ihr Kind sei so hellsichtig und habe große Angst. Hast du nicht schnell fünf Minuten?« Na ja, so kurz vor dem Auftritt ist das nicht so mein Ding, aber Patric wirkte nervös und so sagte ich ihm, sie sollten schnell backstage kommen. Als ich die Mutter dann sah, dachte ich sofort: »Hm, ich glaube, hier ist die Mutter das Problem, die will unbedingt, dass ihr Kind hellsichtig ist.«

Mein erster Eindruck täuschte mich nicht, doch ich machte folgenden Test. Ich sagte zu dem Jungen: »Ich bitte jetzt ein paar Verstorbene und meinen Geistführer, sie mögen kommen. Du sagst mir bitte sofort, wenn du etwas siehst.« Kaum hatte ich das gesagt, sprudelte aus dem Jungen heraus, was er alles sah und er bekam schon fast Panik. Dann sagte ich: »Ich schicke sie jetzt wieder weg, sag mir, wenn sie weg sind.« Kurz darauf war er ruhig und bestätigte, dass sie weg seien. Dann meinte ich zur Mutter: »Ihr Kind ist nicht hellsichtig, es hat aber starke Ängste!« Die Mutter schaute mich verwirrt an und meinte: »Aber er konnte sie doch sehen. Ich habe die Präsenz ja auch gespürt!«

»Ja, aber was er sah, war Einbildung durch die Ängste. Als ich sagte, ich hole sie jetzt, schickte ich sie in Wirklichkeit alle weg, als ich sie wegschickte, bat ich sie in Wirklichkeit, sie sollen näherkommen und sich zeigen. Aber ihr Sohn konnte weder das eine noch das andere wahrnehmen, somit ist klar, es handelt sich hier um Phantasie oder Ängste.« Die Mutter wurde zornig auf mich, weil sie nicht das hörte, was sie hören wollte. Der Junge jedoch fing an zu weinen und meinte: »Mama will unbedingt, dass ich ein mediales Wunderkind bin. Sie sagt immer, ich sei ein Kristallkind, doch ich sehe nichts. Nur damit sie sich zufriedengab, tat ich so, als hätte ich Angst, damit ich diesem Druck entkommen kann. Doch inzwischen habe ich nur noch das Gefühl, ich sei nicht richtig.« Ich nahm ihn in den Arm und erklärte ihm, dass er gut sei, wie er ist. Ich bat die Mutter zu akzeptieren, dass ihr Sohn so ist, wie er ist. Leider war sie sauer, ihr Wunsch, ihre Projektion auf ihr Kind, wurde zerstört.

Ich hoffe, dass es dem Jungen heute gut geht. Ich mag diese »zwischen Stuhl und Bank«-Beratungen eigentlich nicht, sie sind im Grunde ein bisschen unseriös, weil man hier mit der Mutter hätte arbeiten müssen. Aber so konnte ich dir gut den einfachen Test erläutern.

Unsichtbare Freunde

Was könntest du machen, wenn dein Kind mit unsichtbaren Freunden spielt? Ich würde die Kinder einfach spielen lassen, wenn sie dich ins Spiel mit einbeziehen, dann spiele mit. Willst du wissen, ob dein Kind phantasiert oder ob es wirklich Freunde in der geistigen Welt hat, dann mache den Test von oben. Du kannst das auch in Gedanken machen, sodass du einfach in Gedanken bittest: »Bitte geht alle kurz weg, ich will wissen, ob ihr echt seid!« Hört dein Kind jetzt auf zu spielen oder sagt: »Oh, sie müssen gehen«, oder etwas Ähnliches, dann weißt du, es sind echte Wahrnehmungen, ansonsten sind es normale Kinderphantasien. Falls sie echt sind, fragen sich viele Eltern, wer diese Freunde sind. Falls es verstorbene Kinder in der Familie gibt, kann das der Fall sein, aber meistens sind es Geistführer, die sich als Kinder zeigen.

Zoey, einen meiner Geistführer, sah ich schon als Kind, er war immer im selben Alter wie ich und ist im Grunde mit mir gewachsen. Als ich ihn einmal darauf ansprach, meinte er: »Wenn wir uns Kindern zeigen, dann spielen wir mit ihnen und sind auch Kinder, so könnt ihr uns besser annehmen und wir können euch besser begleiten. Die meisten Eltern wiegeln das dann als Phantasie ab und lassen die Kinder weiter spielen. So können wir die natürliche Verbindung aufbauen. Kinder haben weniger Angst, wenn wir uns als Kinder zeigen. Darum machen wir das so.« Ich würde als Eltern die Kinder einfach spielen lassen, ja sogar manchmal mitspielen. Aber bitte kein großes Drama daraus machen und die Kinder auch nicht ausfragen, wer oder was da bei ihnen ist. Bitte halte alles im normalen Rahmen.

Wenn Eltern merken, dass ihr Kind medial begabt ist, dann überfordern sie es leicht mit ständigen Fragen und nehmen ihm die Natürlichkeit. Ich finde, Kinder unter 16 Jahren sollten Kinder bleiben, man sollte sie nicht zu früh drängen, die Fähigkeiten zu nutzen. Wenn sie reden möchten, höre ihnen zu, aber mehr nicht. Oft sagen mir Kinder: »Meine Mama schenkt mir so viel Aufmerksamkeit, wenn es um meine geistigen Freunde geht oder wenn ich von Außersinnlichem erzähle, sie will immer meine Meinung oder dass ich sie frage. Doch damit bin ich überfordert und ich wünsche mir auch sonst Aufmerksamkeit!« Wir sollten nie vergessen, es sind Kinder. Lasst sie spielen, sie sind nicht da, um deine Probleme zu lösen oder sich zu früh schon mit dem Thema nicht kindgerecht auseinanderzusetzen. Wenn es in den Lebensplan deines Kindes gehört, dann wird die Medialität und Sensitivität auch bleiben, ohne dass man sie speziell fördert.

Beispiele

Zum Schluss noch ein paar lustige Beispiele, die zeigen, dass Kinder eine lebendige Phantasie besitzen, und die ist auch sehr wichtig. Mein Sohn hat noch einen älteren Halbbruder und die Mutter liebt Elfen über alles. Sie hatte bei uns in der Wohnung eine Vitrine mit sehr vielen Elfen und Feen. Als Jason etwa vier Jahre alt war, rannte er zur Mama und rief: »Überall Elfen und Feen bei dir.« Sie saß draußen auf dem Balkon. Ich kam hinzu, konnte aber nichts feststellen. Er erzählte weiter und beschrieb alles sehr genau. Mama war fasziniert, weil sie Elfen wirklich liebt, und je mehr er erzählte, umso entzückter war sie. Auf einmal musste ich lachen und meinte: »Jason, wo hast du die Elfen und Feen denn gesehen?«

»Da, hinter dem Glas im Wohnzimmer.« Die Mama war kurz enttäuscht, musste dann mitlachen und

meinte: »Ich war so überzeugt, dass er sie jetzt bei mir sieht!« Ja, so schnell kann man sich irren.
Ein anderes Beispiel von meinem Sohn. Wir haben im Garten eine Buddhastatue, die man sieht, wenn man bei uns im Wohnzimmer sitzt. Mein Sohn war bei mir und es kam ein Versicherungsagent zu uns, weil ich eine neue Versicherung brauchte. Nach ein paar Minuten fragte mich der Agent: »Sind Sie nicht der Typ aus dem Fernsehen, der mit den Toten spricht?«
»Ja, so kann man es auch nennen, ja das bin ich.«
»Meine Freundin liebt Ihre Sendung. Da habe ich heute etwas zu erzählen, wenn ich heimkomme.« In dem Moment kam mein Sohn, er war damals drei Jahre alt, und meinte: »Papa, schau den Mann im Garten.« Alle schauten, ich lachte und meinte: »Was ist mit ihm?«
»Papa, Mann ist müde.«
»Ja, er ist müde, er muss bisschen ausruhen.« Der Vertreter schaute mich an und fragte: »Welcher Mann?«
Mein Sohn: »Der Mann, der schläft im Garten. Schau, dort sitzt er und schläft.« Jetzt wurde der Versicherungsagent panisch und meinte: »Oh Gott, Ihr Sohn sieht auch Tote. Ganz ehrlich, ich bekomme Angst. Sehen Sie den auch?« Ich cool: »Klar, es ist doch offensichtlich, er sitzt da draußen und schläft, jedenfalls hat er die Augen zu, ob er schläft, weiß ich nicht.«
Jetzt war er am Ende. Er stand auf. Da meinte ich: »Was ist mit meiner Versicherung? Oder haben Sie

solche Angst vor unserer Buddhastatue? Die hat noch niemandem etwas getan.« Ja, das war der Mann, der schläft im Garten. Am Ende konnten wir alle lachen, außer meinem Sohn, der verstand nicht, was so lustig war.

Ich gebe es zu, ich habe einen schwarzen Humor und ja, es gibt häufig Situationen in meinem Leben, da sehen alle um mich herum etwas total Übernatürliches, obwohl es ganz natürlich ist. Der Verstand und die Vorstellung spielen uns oft einen Streich. Früher verabschiedete ich mich immer von den Menschen: »Pass auf dich auf!« Ich fand das schön, weil unsere Mama das immer zu uns sagte, und habe es übernommen. Heute jedoch sage ich es nur noch selten, weil mich die Menschen, die mich aus Büchern oder Fernsehen kennen, danach immer fragten: »Warum? Hast du etwas gesehen? Wird mir etwas passieren?« Dabei meine ich es einfach höflich.

Noch eine Geschichte, die ich mit Shane, meinem Sohn, erlebte. Wir waren in Mariastein, einem Wallfahrtsort. Dort gibt es eine Grotte mit einer Kapelle darin. Ein wunderschöner Kraftort, wie ich finde. Wir, meine Freundin und ich, fahren ab und zu mal dorthin. So auch an diesem Tag, Shane war damals um die drei Jahre alt. Drinnen haben wir uns erst hingesetzt und danach Kerzen angezündet. Einige Leute erkannten mich und begannen zu flüstern: »Das ist er, glaube ich,

das ist sein Sohn. Was macht der denn da?« Ganz ehrlich, solche Momente finde ich anstrengend, vor allem wenn die Menschen so laut flüstern, dass du es hörst. Am schlimmsten finde ich es im Restaurant, wenn sie über dich reden, aber denken, du hörst es nicht, jedoch so laut flüstern, dass es alle hören und dann ständig hinüberschauen. Da wäre es mir lieber, sie würden kurz Fragen stellen und dann wäre es geklärt. Doch das ist eine andere Geschichte, aber in solchen Momenten gebe ich dann gern den Leuten auch ihre Show.
Die Gruppe, es waren ungefähr zehn Personen, diskutierten andauernd im Flüsterton, der schon fast hallte in der Kapelle, was ich wohl alles sehe und wahrnehme. Mein Sohn bleibt da immer entspannt, er ist es fast schon gewohnt. Dann ging er weiter nach hinten in die Grotte und rief: »Papa, komm, da ist ein Mann.« Jackpot, jetzt ging es los, die Gruppe schaute nach hinten. Ich ging zu Shane, und als ich an der Gruppe vorbeikam, hörte ich: »Da ist doch kein Mann, da ist nichts, nur die Kerzen. Gott, der arme Junge sieht sicher auch Tote, wie sein Vater.« Ich liebe solche Situationen und sagte: »Oh ja, da ist ja wirklich ein Mann.« Murmeln hinter mir. »Papa, was macht er da?«
»Hm, weiß ich auch nicht so genau, ich glaube, der hängt hier einfach ein bisschen!« (Hängen ist in der Schweiz zweideutig, das kann für irgendwo hängen sein oder einfach herumsitzen und entspannen.) »Ach so, und warum hat er überall Blut?«

»Weil er verletzt ist, Shane, du hast doch auch schon geblutet. Das ist normal, das gibt es ab und zu.« Jetzt war an diesem Wallfahrtsort hinter mir der Teufel los. »Ach so, aber er weint nicht, Papa, hat er keine Schmerzen?«
»Nein, Schatzi, er hat keine Schmerzen mehr.«
»Ich glaube, er ist eingeschlafen, Papa, lass uns leise hinausgehen!« Wir schlichen uns hinaus und keine zehn Sekunden später kam die flüsternde Gruppe hinterher. Meine Freundin fragte: »Was habt ihr gesehen? Schlimm?« Ich sagte extra laut: »Schatz, das erzähle ich dir im Auto. Ist besser, lass uns gehen.« Fluchtartig verließ auch die Gruppe den Ort. Im Auto angekommen, meinte ich: »Schatz, wer hängt und blutet?« Sie lachte und meinte: »Gott, du und dein schwarzer Humor, ihr habt von Jesus gesprochen, der hinten am Kreuz hängt.«
»Ja logo, herrlich, oder, wie die Phantasie mit denen durchging in der Gruppe, nur weil mein Sohn mir ein paar Fragen stellt!«

Kinder und ihre Wahrnehmungen sind oft spannend. Vor allem, wenn wir als Erwachsene manchmal etwas Übernatürliches erwarten oder hören wollen, dann werden ganz normale Dinge plötzlich übernatürlich. Über Kinder und ihre außersinnliche Wahrnehmung könnte man ein Buch schreiben, aber für mich war nur wichtig, dir zu sagen: »Mach dir keine Sorgen, es ist alles liebevoll, was dein Kind wahrnimmt.« Geh einfach natürlich mit der Sache um, dann kann das dein Kind auch.

Mit dem Test kannst du herausfinden, ob und was dein Kind wahrnimmt. Wie gesagt, ich würde Kinder nicht zu früh fördern, sondern erst ab 16 Jahren und dann auch nur, wenn es das Kind wirklich möchte. Ich bin überzeugt, weil ich es so natürlich halten konnte und als Kind weder gefördert noch unter Druck gesetzt wurde, konnte ich mich dahin entwickeln, wo ich heute stehe. Für mich war es immer natürlich und normal, und das half mir. Die Ausbildung war dann aber auch Gold wert, dort lernte ich es ein- und auszuschalten und zu unterscheiden, was ist real, was Phantasie und was wirkliche außersinnliche Wahrnehmung. Wenn man Medium werden möchte, egal wie talentiert man ist, kann nur eine sinnvolle und längere Ausbildung das Talent wirklich gut zum Ausdruck bringen.

Energetische Reinigung

Falls du das Gefühl hast, in deiner Wohnung stimmt etwas nicht und sie müsste mal energetisch gereinigt werden, kannst du dir dazu einen Profi engagieren oder es selbst machen, da es im Grunde einfach zu machen ist. Ich hoffe, dir ist inzwischen klar geworden, dass es keine bösen Geister gibt und dass du dich weder vor ihnen schützen musst noch sie ausräuchern. Allerdings können in deiner Wohnung auf der sensitiven Ebene noch Geschehnisse gespeichert sein, zum Beispiel vom Vormieter. Frust, Ärger, Aggression – je nachdem, welch ein Mensch da gelebt hat. Vielleicht war in deiner Wohnung auch jemand lange sehr krank, depressiv oder hat sich das Leben genommen. Doch wisse, alle Seelen sind im Licht. Falls du Besuch hast, sind es die Geistführer oder deine lieben Verstorbenen. Fremde Verstorbene, zu denen du keinen Bezug hast, irren nicht in der Wohnung umher, auch wenn sie vielleicht früher einmal dort gewohnt haben.

Hinzu kommen die Restenergien. Die meisten Energien, die uns zu schaffen machen, kommen nicht vom Vormieter oder von anderen. Oft ist es unser eigener Frust, Streit und all die Dinge, die wir in unserer Wohnung abladen. Wisse, Geistwesen kann man nicht wegmachen, sie sind eine eigenständige Energie, die kann man nicht auflösen. Du kannst sie einfach bitten zu gehen. Allerdings lohnt es sich, die Wohnung regelmäßig von unseren eigenen Emotionen und vielleicht auch von den Emotionen anderer energetisch zu reinigen.

Es gibt dafür verschiedene Möglichkeiten. Das Wichtigste dabei ist, dass du, bevor du energetisch reinigst, deine Wohnung aufräumst und wirklich physisch reinigst. In zugemüllten Häusern oder Wohnungen fühlt man sich logischerweise nicht wohl, das liegt dann aber daran und nicht an den Energien. Ich war überrascht, als ich erfuhr, dass das sogar der häufigste Grund war, warum es Menschen schlecht ging. Vielleicht kannst du es nachvollziehen, denke mal daran, wie du dich gefühlt hast, nachdem du so richtig geputzt und aufgeräumt hast. Das wäre der erste Schritt.

Dann der zweite. Jetzt kannst du, wenn du willst, Räucherwerk kaufen, damit durch dein Haus gehen und es ausräuchern. Wie du das machst, spielt keine Rolle, so lange du es bewusst machst. Stell dir vor, dass der Rauch die gesamte Energie verändert, und zwar ins Positive. Der bewusste Akt ist entscheidend, nicht, was du räucherst. Wenn du ohne bewusste Gedanken räucherst, dann bringt es nichts. Gehe einfach jeden Raum in Ruhe durch. Du kannst zusätzlich – so mache ich es immer – die Engel und Geistführer bitten, sie sollen die Energie in hoch schwingende Energie umwandeln. Falls du nicht gern räucherst, weil du den Geruch nicht magst, dann kannst du auch in jedem Raum ein kurzes Gebet sprechen, das ist ebenso effektiv.

Magst du weder beten noch räuchern, dann lass einfach Musik laufen, Musik ist Schwingung und Schwingung verändert Energie. Ganz ehrlich, ich mache es zu Hause und für mich meistens nur mit Musik. Vor allem, wenn ich im Hotel bin, da dort natürlich viele Menschen im Zimmer geschlafen haben, lasse ich einfach Musik laufen. Ich benutze dafür eine spezielle Art von Musik, die bekommt man überall bei iTunes, Musik in einer bestimmten Frequenz, und zwar 432 Hertz. Da ich meine letzte Meditations-CD *Werde selbstbewusst im Schlaf* mit dieser Frequenz produziert habe, lasse ich immer diese CD laufen. Darauf sind auch positive Affirmationen. Diese CD läuft bei mir jede Nacht im Hintergrund. Aber du kannst auch jede andere Musik nehmen, die dir eine gute Stimmung gibt.

Ich benutze Musik mit einer Frequenz von 432 Hertz, weil man ihr eine heilende Wirkung nachsagt. Diese Frequenz ist in der normalen Musik nicht enthalten, weil sie anders produziert wird. Mehr darüber findest du in meinem Buch *Werde selbstbewusst im Schlaf* inkl. CD. Im Internet findest du weitere Informationen darüber. Auch zu Hause läuft sie manchmal 24 Stunden nach einem emotionalen Tag, wenn es mal heftigen Streit gab oder einfach sonst ein emotionales Ungleichgewicht. Für mich ist das die einfachste Form der Heilung. Ich habe die Musik immer auf meinem iPhone und kann sie überall anwenden.

Räuchern tue ich eher selten, vielleicht zwei- bis dreimal im Jahr. Es braucht oft mehr Zeit, da in den meisten Gebäuden Feuermelder sind, kann man es nicht machen, ohne diese zuerst zu deaktivieren.

Mit diesen drei wirklich leichten Übungen wirst du ohne Probleme dein Haus, deine Wohnung reinigen können. Gerade die Schlafzimmer sind Orte der Erholung und ich empfehle dir, dort regelmäßig zu reinigen. Nicht aus Angst vor bösen Wesen, sondern einfach, um die Räume von natürlichen Energien zu klären. Außerdem empfehle ich keine elektrischen Geräte im Schlafzimmer, erst recht nicht bei Kindern, und das WLAN über Nacht auszuschalten.

Bezug zum Verstorbenen

Viele fragen sich, ob ich mit jedem Verstorbenen in Kontakt treten kann oder ob es Grenzen gibt. Im Grunde kann man mit jedem Verstorbenen in Kontakt treten, der einen Bezug zu dir oder deiner Familie hat. Also alle, die du persönlich gekannt hast oder die in irgendeiner Beziehung zu dir stehen. Auch wenn du deine Uroma zum Beispiel nie kennengelernt hast, weiß sie dennoch, dass es dich gibt, und man kann Kontakt aufnehmen. Weil deine Uroma sicher mal bei deiner Oma war und dann mitbekommen hat, dass es dich gibt, ist das möglich. Unsere direkte Blutsfamilie ist immer energetisch mit uns verbunden. Daher ist es möglich, mit allen in Kontakt zu treten, die du jemals kennengelernt hast oder die zu deiner Familie gehören. Es muss einfach irgendeine Verbindung geben.

Irgendwann schrieb ich, dass ich gern einmal mit Bruce Lee oder Michael Jackson in Kontakt treten würde, doch das ist nicht möglich, weil mich beide nicht gekannt haben oder kennen und es keine direkte Verbindung gibt. Würde aber zum Beispiel deren Tochter in eine Sitzung kommen, wäre es möglich, weil damit die direkte Verbindung hergestellt wäre. Ihr glaubt nicht, wie viele Leute mir danach schrieben, doch, man könne mit Bruce Lee oder Michael Jackson in Kontakt treten, sie ständen im Kontakt. Einige schrieben mir sogar Briefe, was Bruce Lee mir alles sagen will/wollte. Na ja, danke für die Mühe, aber man hat schnell gemerkt, dass es die Phantasie der Leute war und nicht Bruce Lee. Es waren keine Fakten dabei, einfach viel nettes Gerede. Ich wüsste auch nicht, warum Bruce Lee mir durch ein Medium einen Brief diktieren sollte, er kannte mich nicht und wenn, dann würde er mir wirklich klare Aussagen machen können. Ich will niemandem zu nahe treten und jeder hat seine Sicht, aus meiner Sicht ist es nicht möglich. Ich habe viele Kollegen getroffen, die denken, dass eine bekannte Persönlichkeit durch sie spricht, aber real und hellsichtig betrachtet konnte mich niemand überzeugen.

Doch sobald es einen Bezug zu dem Verstorbenen gibt, ist es ohne Probleme möglich. Nach der SAT1-Sendung hatte ich einige Anfragen von Menschen, die adoptiert wurden und sich wünschten, durch mich mit ihren leiblichen Eltern in Kontakt zu treten, weil in der Sendung so ein Fall gezeigt wurde. Das ist immer sehr schwer, nicht weil die leiblichen Eltern, falls sie gestorben sind, nicht da wären und keinen Kontakt wollen, sondern weil das Adoptivkind oft nichts über die richtigen Eltern weiß. Das macht es zum Problem. Ich kann so keine Beweisführung machen und mich daher nicht auf die richtig Frequenz einstellen. Ohne Beweise für den Klienten ist es aus meiner Sicht kaum sinnvoll, weil sich dann der Klient nicht sicher sein kann, dass es wirklich die leibliche Mutter oder Vater ist, der sich da meldet. Möglich wäre es, ist aber schwer.

In der Sendung hat es damals so gut funktioniert, weil ich zuerst mit dem Adoptivvater in Kontakt trat und er die Beweisführung machte. Dann später, als die leibliche Mutter sich gemeldet hat, war es von großem Vorteil, dass die Klientin in der Sendung vorher selbst viel in Erfahrung gebracht hatte. Ich erzählte ihr dann, was sie schon wusste, sogar den Namen der Frau, die damals die Adoption in die Wege geleitet hat. So konnten wir uns beide sicher sein, dass ich die leibliche Mutter wahrnahm, und dann konnte ich ihr noch ein paar Botschaften geben. Wichtig ist, ja es ist möglich. Fakt ist, es braucht ein sehr gutes Medium, und ideal ist es, wenn du wenigstens ein paar Dinge weißt.

Nach der Sendung bei SAT1 oder später bei RTL haben sich einige Kollegen aufgeregt, weil sich bei mir der Klient wünschen darf, mit wem er Kontakt haben möchte. Das verstößt eigentlich gegen die Regeln des englischen Spiritismus. Ein Medium hat mich besonders angegriffen, auch in der Öffentlichkeit, es ist ein Medium der alten Schule und hat deswegen meinen Respekt. Mir ist bewusst, dass es diese Regel gibt/gab. Spannend finde ich, mich greifen vor allem die Kollegen oder Therapeuten an, die selbst keinen Erfolg hatten oder haben, die aber immer genau wissen, was ich alles falsch mache und besser machen müsste. Dieser Hintergrund lässt mich dann relativ gelassen auf die Kritik reagieren. Doch das ist jetzt nicht das Thema.

Aber warum mache ich es und warum sollte man es scheinbar nicht? Als meine ersten zwei Bücher erschienen und Bestseller wurden, hatten wir in den Folgemonaten fast 900 Anfragen pro Monat für Einzelberatungen. Das ist Wahnsinn, ich war innerhalb von ein paar Monaten komplett ausgebucht. Das ist auch der Grund, warum ich keine Anfragen mehr entgegennehme. Ich habe 2018 noch fast 1000 Leute auf der Warteliste, die bereits zwischen acht bis zehn Jahre warten. Da die Menschen bei mir vorher schon Monate oder Jahre warten mussten, viele aus dem Ausland kamen und meist große Mühe auf sich nahmen, um überhaupt zu mir in die Praxis zu kommen, wollte ich sie nicht enttäuschen. Wenn eine Mutter Monate wartet, um einen Kontakt mit ihrem Sohn zu bekommen, und ich dann mit der Großmutter in Kontakt trete, weil sie als Erstes kommt, ist die Enttäuschung häufig vorprogrammiert. Daher habe ich bereits 2008 angefangen, direkt zum »Wunschkandidaten« Kontakt aufzunehmen.

Inzwischen weiß ich auch, warum es anders gelehrt wird. Der einzige Grund ist: Es ist viel schwerer, als wenn ich den Verstorbenen nehme, den ich am besten wahrnehmen kann. Nicht immer ist der Verstorbene, den sich der Klient wünscht, der, den ich gut wahrnehmen oder mit dem ich gut kommunizieren kann. Aber meiner Meinung nach geht es um Heilung und dass Dinge geklärt werden. Daher ist es aus meiner Sicht nur sinnvoll, wenn man das auch mit dem gewünschten Verstorbenen direkt anschaut, mit dem es noch ein Thema gibt, und nicht mit dem, der gerade am besten wahrgenommen wird. Sicher ist das für das Medium sehr viel schwieriger, doch für mich steht nicht im Vordergrund, dass ich als Medium »glänze«, für mich steht die Heilung des Klienten im Vordergrund.

Diese Regel, die ich da breche, wurde nicht aufgestellt, weil es gegen die spirituellen Gesetze verstößt oder weil es nicht ideal ist für die Verstorbenen, sondern einfach, weil es viel schwieriger ist für das Medium. Es ist zum Schutz des Mediums gedacht, weil nicht alle Medien es schaffen, direkt zu gehen. Ich habe es mir jedoch so angeeignet und setze es gern zur Heilung der Klienten ein. Natürlich verstehe ich auch die Kollegen, die das nicht anbieten, egal ob sie es nicht können oder weil sie sich an die alte Regel halten wollen. Beides akzeptiere ich. Meinen Schülern gebe ich nach dem vierten Ausbildungsjahr auf jeden Fall weiter, wie man direkt gehen kann. Ich finde es viel sinnvoller, damit bessere und effektivere Heilung geschehen kann. Das sollte immer im Vordergrund der medialen Arbeit stehen, die Heilung und nicht die Arbeit des Mediums.

Beweise dich! – Öffentlichkeitsarbeit

Ganz ehrlich, am Anfang meiner Tätigkeit wollte ich immer beweisen, dass es eine geistige Welt gibt, dass ich das wirklich kann und – ich gebe es zu – gerade am Anfang stand das bei mir fast mehr im Vordergrund als die Heilung des Klienten. Ich wurde sehr früh zu Fernseh-, Zeitungsinterviews und anderen Gelegenheiten eingeladen. Immer wieder kamen die Fragen nach Beweisen. Heute sehe ich das entspannter, ich habe gelernt, du kannst noch so viel beweisen, den wirklichen harten Kritiker wirst du nie überzeugen. Deswegen gehe ich heute kaum noch auf solche Diskussionen ein. Ich weiß einfach, dass es sinnlos ist. Es ist so, wissenschaftlich gesehen kann man meine Arbeit noch nicht beweisen.

Zwar machte ich 2010 bei einem Hirnforschungsprojekt mit, es ging damals um das geistige Heilen. Die Forscher fanden heraus, dass mein Gehirn in manchen Bereichen etwas anders funktioniert als ein »normales« Gehirn. Die Studie wurde sogar kurzzeitig in Amerika veröffentlicht und war zuerst ein kleiner Durchbruch. Bis andere Forscher kamen und bestätigten, dass mein Gehirn zwar wirklich etwas anders funktioniert, wenn ich mit der geistigen Welt zusammenarbeite, aber das sei kein

Beweis, dass ich mediale Fähigkeiten habe, sondern es könnte auch bedeuten, dass ich eine geistige Störung habe, die man noch nicht kennt. Heute lache ich darüber, damals fand ich das schon sehr frech. Aber mir ist klar, viele wollen und können nicht verstehen, was ich mache, haben sogar Angst davor und für andere bin und bleibe ich einfach ein Betrüger.

Ich dachte eine Zeit lang, wenn ich mit der Polizei zusammenarbeite, dann erhalte ich vielleicht die Anerkennung. Nachdem ich inzwischen ein paarmal mit der Polizei zusammengearbeitet habe, ein Fall tauchte ja bereits auf, wurde es dennoch oft als Zufall abgetan. Eine Zeitung behauptete sogar, dass ich wohl selbst der Täter sei. Daher machte ich diese Arbeit nur noch im Stillen. Heute allerdings kaum noch, weil es einfach unglaublich anstrengend ist und auch deprimierend. Viele Fälle können nicht abgeschlossen werden, weil man einfach zu wenig handfeste Beweise findet. Meine Arbeit kann helfen, aber ich kann einen Fall nicht allein lösen. Man braucht die Polizisten dazu und die wiederum benötigen sehr gute Beweise, damit jemand überführt werden kann. Ich habe vor allem an Fällen gearbeitet, die bereits Jahre offen waren, wo man einfach keine Beweise fand. In einigen Fällen konnte ich diese liefern und sie konnten abgeschlossen werden. Doch bei anderen konnte ich nicht helfen, weil es einfach keine handfesten Beweise gab; hart gesagt, weil der Täter zu clever war; bei einigen wusste man sogar sehr genau, wer es war. Doch ohne Beweise keine Anklage. Es war eine spannende Zeit und hat mir auch persönlich sehr viel gebracht.

Psychisch ist so etwas eine große Belastung und ich musste immer unterschreiben, dass, wenn mir etwas geschieht oder der Täter davon erfährt, dass ich mitgeholfen habe, mich niemand beschützen und ich auch niemanden verantwortlich machen kann. Heute, als Vater, ist mir oft das Risiko zu groß.

Beispiele

Polizeifälle übernehme ich nur, wenn die Anfrage direkt von der Polizei kommt. Obwohl mir immer wieder Leute auf Instagram, Facebook oder ins Büro schreiben: »Könntest du nicht mal schnell …« Leider funktioniert es so nicht. Ich bin eine Privatperson und nur wenn ein Auftrag direkt kommt und es zu einer Zusammenarbeit mit den Behörden kommt, kann ich helfen. Sonst ist es sinnlos. Ich kann mich noch gut an den ersten Auftrag erinnern, den ich in der Schweiz erhielt. Plötzlich, während eines Seminars, kam die Chefin des Hotels ins Seminar und meinte: »Pascal, draußen sind zwei Polizisten, kannst du mal kommen!« Die Gesichter der Seminarteilnehmer hättet ihr sehen sollen. Doch ich dachte sofort, da muss etwas passiert sein. Draußen fragte ich: »Ist etwas passiert?«

»Nein, entschuldigen Sie. Wir haben gehört, Sie können mit Toten reden, und wir haben da einen Fall, da wollten wir fragen, ob Sie uns helfen könnten?«

»Ich versuche es, doch so eben mal hier kann ich das nicht. Kommen Sie nächste Woche in meine Praxis.« Damals hatte ich noch meine Beratungspraxis. Als der Termin dann heranrückte, war ich enorm nervös und erwartete die zwei Polizisten. Es kamen jedoch zwei andere. Ich war zwar erstaunt, aber für mich spielte es keine Rolle. Ich bekam die Handtasche des Opfers und musste sensitiv herauslesen, was an dem Tag geschehen war, da ich wusste, dass ich medial nicht weiterkomme. Ich hatte Kontakt mit dem Mädchen, sie erzählte mir einige Dinge, doch eher, dass sie noch da ist und eine Botschaft für die Mutter hatte. Als ich mich sensitiv verband und begann, die Handtasche zu lesen, gelang es mir, den Tatort ziemlich genau zu beschreiben. Auf einmal waren die Polizisten viel netter, und als ich dann noch einen Namen nannte und es der Name ihres Hauptverdächtigen war, waren sie schon fast Feuer und Flamme.

Ich durfte dann für diesen Kanton und an diesem Fall noch ein paarmal helfen zu ermitteln. Wir hatten eine gute Zeit. Einmal fragte ich den einen Polizisten: »Warum sind eigentlich immer andere Kollegen von Ihnen in meine Praxis gekommen. Wäre es für Sie nicht besser, es würden sich immer dieselben um einen Fall kümmern? Seit ich begonnen habe, sind Sie der Einzige, der immer dabei ist. Warum?«

Er lachte und meinte: »Ehrlich? Es ist mein Fall, deswegen bin ich immer dabei. Als mein Chef sagte, er hätte mit einem Medium gesprochen und wir müssten mit dir zusammenarbeiten, da wollte es niemand machen. Ich musste, doch die anderen Kollegen weigerten sich, sie hätten Besseres zu tun als mit einem Spinner rumzuhängen. So mussten meine Kollegen an dem Tag alle ein Streichholz ziehen, derjenige, der das kürzeste hatte, musste mich zu dir begleiten. Jetzt ziehen wir immer noch Streichhölzer, aber der mit dem kürzesten darf mitkommen. Niemand glaubt, was du machst, und niemand glaubt, dass du die Informationen so bekommst, wie man es auf den Videos sieht. Alle wollen den Trick herausfinden.«

Ich lachte, er war wenigstens ehrlich. Inzwischen habe ich mit einigen Polizisten zusammengearbeitet, immer waren sie nett und voll dabei. Wenn ich jedoch eine Lösung gab, dann hieß es einfach Zufall, du bist ein Profiler und kein Medium. Damit kann ich leben, doch auch diese Zusammenarbeit half bei Skeptikern nicht weiter. Die sehen in meiner Arbeit immer Cold Reading oder dass mir jemand die Informationen vorher besorgt hat. Doch wenn man Experten zu Cold Reading befragt, nicht solche, die sich Experten im Internet nennen, wird deutlich, dass meine Arbeit sehr wenig mit Cold Reading gemeinsam hat. Auch wenn die Vorwürfe von Laien immer wieder kommen. Ich denke, das liegt einfach in der Natur des Menschen, wenn wir etwas nicht verstehen, wenn es uns Angst macht und dann jemand kommt, der damit auch noch

Geld verdient, dann muss es ein Betrüger sein. Früher hat das wenige Menschen interessiert. Als meine Bücher jedoch Bestseller wurden, ich meine eigenen TV-Shows bekam und jeder Event plötzlich ausverkauft war, da wurde es ein Problem, weil er davon lebt. Also kann es nur ein Trick sein.

Manchmal sind Situationen, bei denen ich mich beweisen muss, auch schön und es findet dann Heilung statt. Ich kann mich noch gut erinnern, als wir uns in Deutschland mit meiner zukünftigen Buchagentin getroffen haben. Meine Verlegerin vom Giger Verlag begleitete mich und mir war bewusst, dass das ein sehr wichtiger Termin war. Diese Agentin nimmt normalerweise keine spirituellen Autoren auf, doch durch die Beziehung mit Sabine gab sie mir immerhin die Möglichkeit, mich vorzustellen. Ich erklärte ihr, was ich machte, und na ja, ich hatte nicht wirklich ein Gegenüber, das offen dafür war. Sie ist Amerikanerin, nett, aber hatte keine Ahnung, was ich genau mache, und spirituelle Dinge lagen nicht in ihrem Interessensbereich.
Plötzlich meinte sie: »Gut, wenn du das alles kannst, beweise es! Rede mit meinem verstorbenen Vater.« Normalerweise gehe ich auf so etwas nicht ein. Ich verlangte von ihr ja auch keinen Beweis, dass sie ihre Arbeit beherrscht. Doch ich stand noch am Anfang, war ja dankbar, dass ich mich vorstellen durfte, wir

sind extra dafür nach Deutschland gefahren. Also nahm ich Kontakt zu ihrem Vater auf und begann zu erzählen. Sie konnte den größten Teil verstehen, doch wirklich überzeugt war sie nicht.

Dann meinte sie: » Mein Vater und ich hatten ein Geheimnis, frage ihn danach.« Solche Sachen mag ich nicht, weil sie unglaublich schwer sind, und man ist leicht mit dem Ego dabei. Aber ich sah immer ein Buch vor mir, das ich zu der Zeit las, und dachte noch so für mich: »Warum muss ich immer an dieses Buch denken. Das Buch hatte einen eigenartigen Titel, es hieß *Mary*. Komisch, mir fällt nur der Titel auf, der Titel ist ja auch ein Name.« Dann sagte ich ihr: »Mary, ich bekomme nur den Namen Mary.« Sie begann zu weinen und ab da glaubte sie mir. Mary war die Liebhaberin, die ihr Vater heimlich über Jahre hatte, und nur sie wusste davon, sonst niemand. Damit war mir der Beweis gelungen.

Wie bereits ein paarmal erwähnt, gebe ich keine Einzelberatungen mehr, weil ich keine falschen Hoffnungen wecken möchte. Oft kommt dann die Frage, warum ich noch Events mache, Bücher, Podcasts und TV-Sendungen, wenn ich doch keine Beratungen mehr gebe. Ich mache diese Dinge nicht für die Werbung, sondern ich probiere alles aus, so wie auch dieses Buch zu schreiben, damit ich möglichst viele Fragen, die ein Klient hat, klären kann. Bei einem Vortrag kommen oft bis zu 1000 Zuhörer, da erreiche ich an einem Abend mehr Leute. Ich kann so mehr Menschen Heilung geben, als es mir in einem Jahr, selbst wenn ich täglich mehrere Sitzungen geben würde, überhaupt möglich ist. Auch zeigt meine Erfahrung, für die meisten Fragen braucht es kein Medium. Ich bin mir sicher, dass dir dieses Buch bereits viele deiner Fragen beantwortet hat. Eben weil ich auf die häufigsten Fragen eingegangen bin. Bei den Vorträgen mache ich es ebenso. Es ist eine wunderbare Möglichkeit, viele Menschen zu erreichen und ihnen die Angst vor dem Tod zu nehmen, oder dass sie die Trauer besser verarbeiten können. Das zeigen auch die vielen E-Mails und Kommentare auf meinen Social-Media-Kanälen, und das macht mich sehr glücklich. Ich verstehe, wenn dennoch das Bedürfnis nach einer Einzelberatung bei einigen bleibt, dafür gibt es ja viele wunderbare Kollegen.

Ich hatte wirklich so viele Anfragen täglich, sogar heute kommen jeden Tag noch Anfragen, obschon längst bekannt ist, dass ich keine Beratungen mehr gebe. Es ist einfach nicht mehr möglich, der Andrang ist zu groß. Eine Zeit lang dachte ich: »Wir nehmen nur noch die Notfälle.« Aber jeder Klient fühlt sich als Notfall, wo beginnt einer und wo endet er? Deswegen ist meine Motivation so groß, viel in der Öffentlichkeit zu machen. Und auch manchmal Dinge, die sehr nach Mainstream aussehen.

Als zum Beispiel bekannt wurde, dass ich für RTL Deutschland eine Sendung mache, oh, wie böse hat da ein Teil der spirituellen Welt reagiert. Viele konnten oder können es nicht verstehen, dass ich immer mal wieder eine Sendung für RTL mache. Ich sehe meine Aufgabe jedoch vor allem darin, Menschen die Information zukommen zu lassen, dass es ein Leben nach dem Tod gibt, Menschen zu erreichen, die offen für diese Botschaft sind. Ich sehe mich weniger als Therapeut, sondern eher als jemanden, der die breite Masse erreichen möchte. Gerade mit RTL habe ich eine Möglichkeit, die weit über die spirituellen Grenzen hinausgeht. Meine Bücher kaufen meistens Menschen wie du, die bereits offen sind für das Thema. Über das Fernsehen erreiche ich jedoch auch Menschen, für die das neu ist.

Mein Ziel ist es, alle Menschen zu erreichen und ihnen auf bodenständige Art die Spiritualität und das Leben nach dem Tod nahezubringen. Weil ich glaube, je mehr Menschen in diese Richtung denken, je eher könnte man die Welt verändern. Wäre es nicht schön, wenn eines Tages in der Schule auch über Tod und Sterben geredet wird? Wenn unseren Kindern gezeigt wird, wie sie glücklich zufrieden leben können! Stell dir einmal vor, diese Fächer wären Standard. Unmöglich? Nein, ich bin ja bereits an wenigen Schulen und darf den Kindern mein Wissen weitergeben. Warum komme ich dorthin? Weil mich die Lehrer im Fernsehen sahen und ich einen relativ vernünftigen Eindruck machte. Das ist meine Motivation, Menschen für übersinnliche Themen zu begeistern. Dass mir das nicht bei jedem gelingt, ist mir klar, dass mich einige Spirituelle deswegen nicht mögen, ist auch in Ordnung. Sie verstehen meine Motivation nicht. Doch ich liebe die Arbeit in der Öffentlichkeit, auch wenn ich dadurch sicher mehr einstecken muss, als wenn ich das nicht machen würde. Das ist in Ordnung.

Gerade die letzte Sendung bei RTL hat mir gezeigt, dass ich nicht nur Zuschauer erreicht habe mit meiner Arbeit, sondern auch die Promis, die damals Sitzungen von mir erhielten. Vielleicht hast du die Sendung gesehen, als Markus Becker, Allegra Curtis und Sophia Wollersheim eine Sitzung von mir bekommen haben. Es war so, dass ich nicht wusste, wer zu mir in die Sendung kam, es war so, wie RTL sagte, ich hatte kein Handy und konnte auch nicht googeln. Ich sah die Menschen wirklich erst, als sie am Set waren und wir schon drehten. Vorher hatte ich keinerlei Kontakt. Auch wenn ein paar kritische Zuschauer meinten, dass könne nicht sein. Nein, es war wirklich genau so. Mir ist es immer wichtig, meine Arbeit so echt wie möglich darzustellen, und mir war bewusst, dass diese Vorwürfe kommen, wenn wir Sendungen mit Prominenten machen. Doch ohne Promis will RTL momentan keine Sendung produzieren, so gehe ich das Risiko ein, dass es nie so glaubwürdig ist, als wenn ich normale Klienten in der Sendung hätte, wie damals bei SAT 1.

Für mich war enorm spannend, wie die Promis vor der Sitzung reagierten, auch zum Teil, als die Kamera noch nicht lief, dann vor der Kamera und dann danach. Das waren wirklich unterschiedliche Welten. Bei Allegra war es fast am angenehmsten, sie war offen und glaubt auch an ein Leben nach dem Tod, deswegen war für mich ihre Sitzung nicht viel anders als eine normale Sitzung. Sie hat wirklich noch sehr unter dem Tod ihrer Mutter gelitten, die Botschaft war dann sehr schön und brachte ihr Heilung. Markus Becker hat mich am meisten verwundert, da er zwar offen war, aber sich sicher, dass ich es nicht kann. Aber er war ein sehr netter Klient. Ein Teil wurde nicht gezeigt, man sah in der Sendung nur, dass er auf einmal nicht mehr skeptisch war. Das lag daran, weil er plötzlich den Geruch seiner Oma wahrnahm. Wir mussten eine Zeit lang unterbrechen, weil er überzeugt war, wir hintergingen ihn. Als ich mit der Sitzung begann, wurde Markus auf einmal sehr aufgeregt, er bat uns, die Aufzeichnung zu stoppen. Als ich nachfragte, was los sei, meinte er: »Wie habt ihr das gemacht, auf einmal rieche ich etwas, ist meine Oma hier im Raum? Das kann doch überhaupt nicht sein. Oma ist ja schon lange tot. Doch wie macht ihr das? Seit du Kontakt aufgenommen hast, rieche ich sie. Was ist das für ein Trick? Ich falle darauf nicht rein.«

Ich gebe zu, ich war auch sehr irritiert. Ich roch nichts, er aber war überzeugt, dass der Geruch sehr stark sei, und er wollte den Trick wissen. Ich sagte: »Markus, ich wusste bis gerade nicht, dass du kommst, ich wusste auch nicht, wer sich zeigen würde, und woher soll ich wissen, wie deine Oma riecht?« Er war immer noch irritiert und es mussten sich die Kameramänner einschalten: »Markus, wir riechen nichts, woher sollten wir auch wissen, wie deine Oma gerochen hat, und wie sollten wir das machen. Deine Oma ist wohl wirklich hier.« Es war kein Trick, ich war selbst extrem verwundert, dass er seine Oma riechen konnte, ich weiß zwar, das Verstorbene sich oft über Duft bei Angehörigen bemerkbar machen, doch so stark hatte ich es selbst noch nie erlebt.

Danach war die Sitzung für mich relativ leicht, die Oma hatte den skeptischen Markus überzeugt und es meldete sich dann auch noch ein Freund von ihm. Als die Kamera aus war, sagte er immer wieder: »Das kann doch nicht sein. Das geht doch nicht, ich muss mein Weltbild neu überdenken.« Es war spannend, dass die Begegnung wirklich sein Weltbild teilweise verändert hatte. Als RTL ihn ein paar Tage später besuchte, war er schon wieder viel gefasster und eher wieder der skeptische Markus. Vielleicht auch nur, weil jedem Promi bewusst ist, dass Millionen Zuschauer die Sendung sehen und niemand sein Gesicht verlieren möchte. Für die Presse ist so etwas leider ein gefundenes Fressen. Ich bin mir jedenfalls sicher, dass es ihn irgendwo erreicht hat.

Aus dieser Sendung ist aber sicherlich den meisten Zuschauern Sophia Wollersheim in Erinnerung geblieben. Sie hat kein Geheimnis daraus gemacht, dass sie meine Arbeit nicht toll findet und nicht an ein Leben nach dem Tod glaubt. Das sagte sie auch vor der Kamera, doch wenn ich ehrlich bin, begann das Ganze bereits zwei Stunden zuvor. Sophia hat von ihrem Management erst am Set erfahren, worum es in meiner Sendung geht, und sie war sauer. Ganz ehrlich, das verstehe ich, wenn du nicht weißt, wofür du gebucht bist, und dann erfährst, da ist ein Typ, der spricht mit Toten, wäre ich auch nicht begeistert. Vor allem wenn es nicht mein Gebiet ist. Dementsprechend war ihre Laune und sie wollte den Vertrag nicht unterzeichnen. Ich saß in meinem Raum und bekam von all dem nichts mit. Es kam nur der Produzent rein und meinte, es könnte länger dauern. Ich fragte, ob ich kurz etwas essen gehen könne. Ich durfte mir in Begleitung dann kurz am Buffet etwas zu essen holen. Die Promis waren nicht zu sehen, nur das Team und meine Freundin. Ich durfte nicht zu ihr, sie wusste, wer der nächste Promi war, sie bekam auch das ganze Theater mit. Doch ihr Blick sprach Bände. Nach ihrem Blick kam ich mir vor wie Forrest Gump, ich hörte immer wieder: »Lauf, Forrest, lauf …«

Daher wartete ich in meiner Garderobe und plötzlich hieß es, es geht weiter, alles geklärt. Der Produzent meinte: »Es wird schwierig, aber toitoitoi!« Ich ging dann hinunter und nahm den neuen Promi in Empfang. Ja, sie war nicht begeistert und enorm skeptisch. Aber ich sagte ihr einfach: »Gib mir eine Chance und dann reden wir am Ende noch einmal.« Sie meinte nur: »Okay.« Aber als die Kameras liefen, zeigte sie mir sehr deutlich, dass sie keine Lust hatte, und war zickig. Mit der Zeit wurde sie immer stiller und ihre Augen zeigten mir, dass sich etwas verändert hatte. Ich sagte zu ihrem verstorbenen Stiefvater, bitte gib mir etwas Eindeutiges. Dann musste ich auf einmal an meine Cousine Natalie denken. Ich fragte mich warum und sagte einfach: »Ich muss immer an meine Cousine Natalie denken, keine Ahnung warum, aber ich nannte sie immer Nati.«

Damit hatte ich sie, warum wusste ich noch nicht genau. Doch dann sagte sie: »Okay, das kannst du nicht wissen, meine Tante heißt Nati und ist wie eine Mutter zu mir. Das kannst du nicht wissen.« Der Verstorbene erzählte noch mehr über Nati und plötzlich wurde sie ganz still, schwer, es anders zu beschreiben. Fast schon nett. Am Ende ging ich noch mit ihr hinaus und wir redeten, weil ich fertig war. Sie bedankte sich und meinte: »Ich glaube nicht mehr, dass du ein Schwindler bist, und wenn, mir hat es gutgetan. Danke und hey, du bist ganz nett!« Als ich die Sendung sah, war ich vor allem auf Sophia gespannt, weil ich noch nicht wusste, wie das Nachgespräch ein paar Wochen später gelaufen war. Am Ende beim Nachgespräch konnte man klar erkennen, dass es sie verändert hatte. Auch wenn Sophia total polarisiert, muss ich sagen, ich habe zwei Seiten kennengelernt und die eine ist ein sehr freundliches Wesen. Spannend war, dass die Sitzung etliche Menschen berührt hat, weil viele schrieben: »Ich hatte dieselbe Einstellung wie Sophia, doch als ich ihre Veränderung sah, fragte ich mich immer mehr, ob es nicht doch ein Leben nach dem Tod gibt. Ich halte es jetzt jedenfalls für möglich.« Genau deswegen mache ich solche Sendungen, es gibt immer wieder neue Menschen, die man damit erreicht.

So etwas erlebe ich auch öfter bei meinem Vortrag »Nachricht aus dem Jenseits«, in dem ich aus meinem Leben und ähnlichen Themen wie hier im Buch erzähle. Deswegen heißt die Vortragstour auch so. Immer wieder kommt es vor, dass Männer zu meinen Vorträgen kommen müssen, der Frau zuliebe. Ich probiere bei meinem Vorträgen, das Thema Tod logisch und auch mit Humor zu erzählen. Dennoch achte ich natürlich darauf, dass der Vortrag eine Tiefe hat. Ich will einfach das Thema, das schon traurig genug ist, nicht noch trauriger machen. Am Ende demonstriere ich dann immer einen bis zwei, manchmal auch mehr, Live-Jenseitskontakte, einfach nur noch, um den Zuschauern zu zeigen, wie ich zu den Informationen gekommen bin, von denen ich vorher erzähle. Damit sie besser verstehen, wie ich mit Verstorbenen kommuniziere.

Oft kommen Männer am Schluss zu mir und sagen: »Danke für deinen Humor, danke für die bodenständige Art. Die Demos waren überzeugend, doch ob du das wirklich kannst, steht in den Sternen für mich. Dein Vortrag hat mich gut unterhalten, es erschien mir alles so logisch und ich hatte schon lange nicht mehr einen so lustigen Abend. Du regst zum Denken an. Danke.« Was will ich mehr erreichen mit meiner Arbeit, als Menschen anregen, wenigstens ein Leben nach dem Tod in Betracht zu ziehen? Ich liebe es genau deswegen, auf der Bühne zu stehen.

Ich will niemanden überzeugen, auch dich nicht, mein lieber Leser. Ich will dich anregen, an ein Leben nach dem Tod zu glauben. Wenn mir das nicht gelingt, dann ist das auch in Ordnung. Selbst wenn du nicht an ein Leben nach dem Tod glaubst, dann lebe dein Leben wirklich voll und ganz. Genieße jede Sekunde, sei glücklich, sei zufrieden. Koste jede Sekunde deines Lebens in Liebe und Freude aus. Du hast nur dieses eine Leben!

Ich muss nicht alles richtig machen, ich darf auch mal schlechte Laune haben. Denn ich lebe im Jenseits weiter, werde wiedergeboren und bekomme nochmals eine neue Chance. DU in deiner Wahrheit nicht, also lebe. Genieße! Dann habe ich mein Ziel auch erreicht. Ach so, und wir sehen uns alle auf Wolke 7. Danke für deine Zeit, die du mir und diesem Buch gewidmet hast. Das Buch ist anders geworden als geplant. Ich wollte eigentlich nur mein erstes Buch zu diesem Titel optimieren. Jetzt ist es zu 90 Prozent ein neues Buch geworden. Ich hoffe, es konnte dir Trost bringen und ein bisschen Klarheit. Ich wünsche dir nur das Beste, viel Heilung in der Trauer und vor allem eins: Enjoy this Life®.

Über den Autor

Pascal Voggenhuber wurde 1980 in der Schweiz geboren und verbindet spirituelles Wissen mit einer humorvollen, bodenständigen Art. Er ist trotz seines jungen Alters heute schon eines der bekanntesten Psychic-Medien in Europa, bekannt wurde er vor allem durch seine präzisen Jenseitskontakte zu Verstorbenen. Außerdem ist er ein beliebter Referent und Seminarleiter im In- und Ausland.

Seit 2007 hat er elf Bücher veröffentlicht, die alle in den Top Ten der Schweizer Sachbuch-Bestsellerliste platziert waren. Seine Bücher sind in mehrere Sprachen übersetzt.

2013 hatte Pascal Voggenhuber seine eigene TV-Sendung *Das Medium – Nachricht aus dem Jenseits* in SAT1 Schweiz, die sehr gute Einschaltquoten erreichte.

2017 hatte er bei RTL eine dreiteilige TV-Sendung bei Punkt 12.

Obwohl Pascal Voggenhuber schon immer geistige Wesen und Verstorbene gesehen hat, hat er sich intensiv über mehrere Jahre in der Schweiz und in England zum Medium ausbilden lassen. Er sieht es als seine Berufung, den Menschen die geistige Welt wieder näherzubringen und vor allem zu zeigen, dass es ein Leben nach dem Tod gibt.

Pascal Voggenhuber ist der Begründer des Labels Enjoy this Life®, mit dem er den Menschen helfen möchte, wieder mehr Freude im Leben zu bekommen und eigener Schöpfer seines Lebens zu werden.

Vielleicht möchtest du Pascal Voggenhuber persönlich kennenlernen bei einem Event. Er bietet Vorträge, Seminare und Workshops in Europa an, alle Informationen findest du hier: www.pascal-voggenhuber.com

Du erreichst Pascal auch über seine Social-Media-Kanäle, vor allem ist er sehr aktiv auf Instagram, dort gibt es immer wieder Live-Video-Sessions, in denen man ihm direkt Fragen stellen kann. Oder du besuchst seine Seite auf Facebook.

Außerdem findest du bei iTunes oder auf der Homepage von Pascal den kostenlosen Podcast, dort gibt es viele spannende Themen zu: Jenseits, Tod, Medialität und Lebensfreude.

Für alle, die Spaß an diversen Onlinekursen haben und mit ihm in Kontakt treten wollen, empfehlen wir die Enjoy this Life®-Community. www.enjoythislife.de

An den Kursen der Enjoy this Life®-Community beteiligen sich Menschen, die ihr Leben selbst in die Hand nehmen möchten und die sich in der Gemeinschaft persönlich weiterentwickeln wollen. In der Enjoy this Life®-Community kann jeder sein persönliches Potenzial entdecken und individuell fördern. Sie steht für mehr Lebensfreude, weil jeder es verdient, ein glückliches Leben zu führen. Sie ist voller Inspiration, weil Inspiration die Quelle unserer Kreativität und unserer kleinen und großen Entscheidungen ist. Entdecke mit Pascal Voggenhuber deine Medialität. Denn das Leben hält unendlich mehr bereit, als du dir vorstellen kannst.

Enjoy this Life® Onlinekurs
Enjoy this Life® Meditationskurs
Enjoy this Life® Intuition im Alltag
Enjoy this Life® Entdecke deinen Geistführer
Enjoy this Life® Aura sehen
Enjoy this Life® Medialitätskurs
Enjoy this Life® Entzünde dein inneres Licht
Und vieles mehr!
Weitere Infos unter www.pascal-voggenhuber.com